図解でわかる

暗記のすごいコツ

誰でも 確実に 結果が出せる35のテクニック

碓井孝介
Usui Kosuke

日本実業出版社

はじめに

効率的な暗記法を「図解」で伝授

「勉強は理解が大事」のウソ

初めにはっきりさせておきましょう。

勉強は、理解よりも暗記です。暗記が最も大切です。暗記さえできれば、理解はあとからついてきます。

誤解を防ぐために少し補足します。勉強とは、知識を仕入れ、仕入れた知識を活かすこと。さらに究極は、習得した知識に基づいて勉強の目標を達成することです。

勉強の目標とは、試験合格だけではありません。仕事で求められる専門能力を向上させる。パソコンスキルや英会話など、役に立つ能力を高める。これらはすべて勉強であり、それぞれが**目指す「結果」を出す**ことが勉強の目標なのです。

そんな勉強で最も大切なのは「暗記」です。

だってそうでしょう。「知識」すらなければ、「知識を活かす」も何も、その段階までたどりつけません。知識を仕入れて活かすのが勉強なのだから、まずは「仕入れること」、つまり「覚えること」に注力しなければいけないのです。

問題は、どうやって覚えるか――。

本書は、暗記ができないとお悩みのあなたに、「暗記のコツ」を伝える本です。

「暗記法」をお伝えするのは難しい

世の中には、いわゆる「頭のいい人」、「記憶力のいい人」がいますが、彼・彼女らは「どのように」覚えているのでしょう。文章のどこに目をつけ、頭のなかでどのように情報を整理しているのでしょう。

これらの疑問にお答えするのが本書です。本書を読めば、あなたも「すぐに」暗記が得意になります。なぜなら本書では、暗記のコツを、手に取るように、とことんわかりやすく紹介しているためです。

わかりやすいワケは、**暗記の仕方を「図解」**してお伝えしているから。**思考の仕方や目線の動かし方を見える化**しているのです。

ところで、なぜ「図解」にこだわるのか……。なぜ「図解」じゃないとダメなのか……。

私自身、これまで暗記のコツを紹介した本を何冊も出版してきました。どれもこれも私の受験人生（大学受験、大学在学中での司法書士試験合格、1年4か月の学習期間での公認会計士試験一発合格）に基づいた、実践的な暗記のコツを紹介した本です。

このように暗記のコツをお伝えしながら気づいたことがあります。それは**「暗記は知的作業で**

あって、本当に暗記が苦手な方に文章で暗記のコツを伝えるのには限界がある。文章だと、読者の方がご自身の勉強に暗記ノウハウを取り入れるのは難しい場面がある」という事実です。

それを裏づけるように、いくら実践的な暗記のコツをお伝えしようとも、相手によっては伝わっていないと思うことがよくありました。暗記法を学んだ方と話をするなかで「この場面こそ、あの暗記法を使って覚えてほしいのに！」と感じることがあったのです。それは一度や二度ではありません。私は長い間、資格スクールの教壇に立ち、受験指導をしていましたが、私の本を読んで授業を受けてくれている生徒ですら、暗記法がしっかりと伝わっていないと感じることが多々ありました。

おそらくメソッドを学ぶことと、学んだメソッドを実際の勉強の場面で活用することとは、まったく別の難しさがあるのでしょう。思い起こせば私だって、本を読んで学んだスキルなりメソッドなりを、自分自身の生活に落とし込めているかというと、必ずしもそうではありません。いやはや実践は難しい。

「図解」で実践可能になる

暗記のコツをしっかりお伝えし、実践していただくためにはどうすればいいのか――。これが私の課題になりました。**有効なノウハウを伝えるだけでなく、暗記がもともと苦手な方でも実践できるように伝えなければ意味がない**と強く感じたのです。

たどり着いた結論が、「思考の過程を図解する」。「図解」を通して思考過程を「見える化」すれば、**暗記という本来はつかみどころのない知的作業が、手に取るようにわかる**ようになります。

だから本書では徹底して、頭のなかを「見える化」しました。文章だと伝わりにくい頭のなかでの情報の整理方法、覚えるための目線の移し方など、一目でわかるように工夫を重ねました。

肝心の暗記ノウハウですが、1つの項目で1つの暗記ノウハウをマスターできます。1つの項目は数分で読めますから、まさに即効性のある内容だといえます。

これまでの暗記ノウハウ本・勉強ノウハウ本で結果を出せなかった人も、安心して読み進めてください。1つひとつ読み進めていけば、いくつもの暗記法があなたのモノになることを約束します。

目標達成のために、一緒に頑張りましょう。

2017年11月

碓井孝介

目次

図解でわかる　暗記のすごいコツ

第1章

頭のいい人が無意識でしている勉強の「見える化」

Lesson

第2章

情報は「文章」から覚えるのが暗記勉強法の基本

Lesson

第3章

頭のいい暗記は、情報の「整理」から始まる

Lesson

第4章

繰り返すことをいとわない、これが頭のいい暗記法！

Lesson

第5章

試験に受かる暗記テクニック

第6章

重要情報を選別して効率的に覚える技術

Lesson

カバーデザイン／吉村朋子
カバー・本文イラスト／坂木浩子
著者エージェント／アップルシード・エージェンシー
本文デザイン・DTP／初見弘一

第1章

頭のいい人が無意識でしている勉強の「見える化」

Lesson 1
暗記テクニックの正体

勉強の悩み＝覚えられないこと

この本を手にとってくださったということは、あなたは何かしらの勉強をしようとしているか、既に勉強を始めているということでしょう。「勉強」には、いわゆる入試や資格取得のための勉強だけでなく、仕事のスキルを上げるために本を読んだり、調べものをしたりすることも含まれます。

このように範囲が広い「勉強」の概念ですが、**「勉強」は、実に意味が広いのです。**

いずれにしても大きく、分厚く、なかなか越えられない「壁」が、勉強する者の前に立ちはだかります。そう、「覚えられない」という悩みです。

勉強は「覚えること」が中心。たしかに覚えた知識はアウトプットしてナンボですが、覚えなければアウトプットの段階にすらたどり着きません。また、覚えただけで達成する目標もあるため、**覚えることが勉強のスタート地点であり、さらにはその中心**になります。

難しいのは、「覚えること」それ自体です。暗記さえできれば、勉強のほとんどは終わったようなもの。しかし、なかなか覚えられないから、勉強を投げ出す人がたくさんいるわけです。

私だって、あなたと同じように暗記で苦労しました。さまざまな資格試験をパスした私ですが、暗記が最も大変だったのは司法書士試験の受験生だった頃です。いまでも恐ろしいと思うのは、受験勉強に必要な教材を縦に並べてみたときに、自分の背の高さ近くまであったときです。あのときほど暗記に没頭せざるを得ない時期は、これまでも、そしてこれからもないでしょう。

勉強が苦手な人と得意な人の情報の見え方の違い

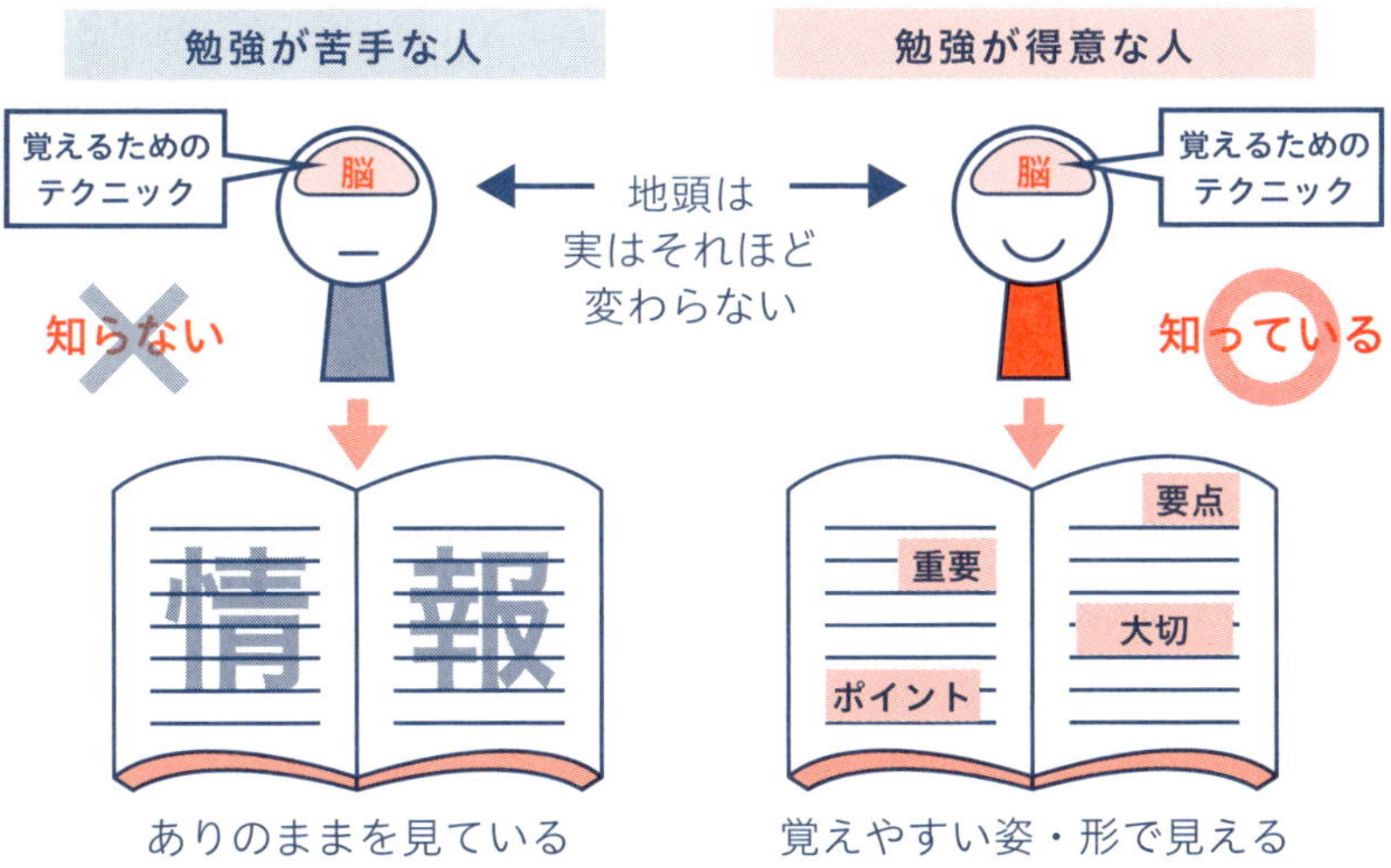
勉強が苦手な人
勉強が得意な人
覚えるためのテクニック
脳
地頭は
実はそれほど
変わらない
覚えるためのテクニック
脳
知らない
知っている
情報
要点
重要
大切
ポイント
ありのままを見ている
覚えやすい姿・形で見える

暗記の達人の覚え方とは

世の中には、暗記が得意な人がいます。勉強が大の得意で、なんでも頭に入る「優等生」のこと。

はっきりさせておくべきなのは、彼・彼女らは、特別に頭がいいわけではない点です。なかにはIQが120や130あるような、本当に頭がよくて、「積んでいるエンジンが違う人」もいますが、ほとんどの優等生の地頭は、意外にも「普通」です。では、いったい何が違うのか。

そうです、**「暗記法」ともいえる、覚えるためのテクニックを知っているかどうか**です。覚えにくい情報をうまく頭のなかに入れ、アウトプットできる能力に、彼・彼女らは長《た》けているのです。

暗記の達人ともいえる彼・彼女らは、たとえば本のなかの1ページをまるごと覚えたいのであれば、「チャート化」して覚えます。

暗記法を知っていると、情報の見え方そのものが変わるのです。

暗記法は訓練次第で習得できる

「暗記法」は、トレーニング次第で習得することが可能です。これは、紛れもない事実。

注意してほしいのは、ここでいう「暗記法」とは、「魔法のようなもの」ではない点です。

本をパーっとめくっただけで、全ページの内容が頭に入る……。覚えたことは何年・何十年経っても絶対に忘れない……。このような「魔法」は、私が再三にわたり述べている暗記法ではありません。

私がいっている暗記法は、テキストを開いたときにどこから読むか。2～3行ある文章を、どうやって頭に入れたら試験会場で得点できるように吐き出すことができるか。繰り返し学習する頻度をどうやって設定したら記憶が定着しやすいかといったものです。**暗記法は、地に足のついたテクニック**であって、「空中戦」ではないのです（空中戦をしようにも、私にもできません）。

このような暗記法は、**訓練次第で間違いなく習得することが可能**です。

これまで覚え方を意識したことがない方こそ、特にチャンスです。いまのいままで何も工夫せずに勉強して（といったら語弊があるかもしれませんが）ここまできたのですから、暗記法を知って、日々の学習でトレーニングを重ねていけば、同じ勉強量でも、勉強の効果は何倍にもなります。

この本では、とにもかくにもまずはさまざまな暗記テクニックを知っていただきたく、第2章から紹介していきます。

この本を読んで、効率的な暗記法の存在に気づいてください。適切な方法で覚えたら、これまで覚えられなかった情報も、ウソのように簡単に覚えることが可能なのですから。

大切なのは、一歩を踏み出すことです。暗記法を習得し、有意義に勉強することで、目標にグッと近づきましょう。

本書で紹介する暗記法（例）

暗記法とは… 訓練次第でどんな人でも間違いなく習得できるテクニック

まず結論を探す

自分の言葉で1行にする

道路交通法第12条2項

歩行者は、交差点において道路標識等により斜めに道路を横断することができることとされている場合を除き、斜めに道路を横断してはならない。

↓

「原則、斜め横断はダメ！」 ←1行に

脳内ですぐに反復する

連想ゲーム暗記法

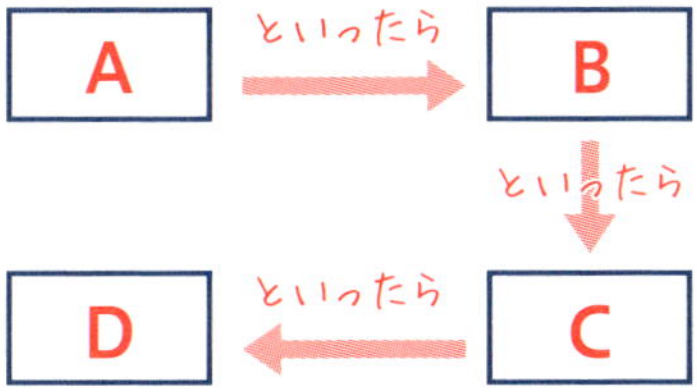

適切な方法で覚えることで、目標達成への道のりがグッと短くなる

Lesson 2

これまでの勉強法・暗記法との違い

あふれる勉強法・暗記法

訓練次第で習得できる暗記法ですが、「選別」が必要である点に言及しなければなりません。

現在、巷《ちまた》には「勉強法・暗記法」があふれています。書店には「勉強法コーナー」があり、雑誌の広告欄には、「成績がすぐに上がる」と謳《うた》う怪しい（？）教材が並んでいることだってあるでしょう。

あなたも本書を読む前に、いくつかの勉強法・暗記法を試したかもしれません。かくいう私だって、「勉強のための勉強」をよくしたものでした。

では、その「成果」はどうでしょう。

それらによってあなたは勉強の目標を達成できましたか？　おそらく、達成はできていないのではないでしょうか？

「勉強の苦手な人」の視点が大事

勉強法・暗記法を紹介した本（教材）で、あまり参考にならないものがあります。それは「勉強が苦手な人の視点がないメソッド」です。

勉強や暗記に関するテクニックを紹介する本の著者は、もともと勉強が得意な「優等生」であることが多いでしょう。

しかしながら、ここに落とし穴があります。もともと「優等生」である人が紹介する勉強テクニックが、あなたの現状を変え得るツールになる保証はありません。むしろ、そのようなテクニックは、「優等生だからこそできるテクニック」であることが多々あり、勉強が苦手な方の力になれないことが実に多いのです。

これは、「勉強が苦手な人の視点」が抜け落ち

天才の勉強法・暗記法を参考にしない

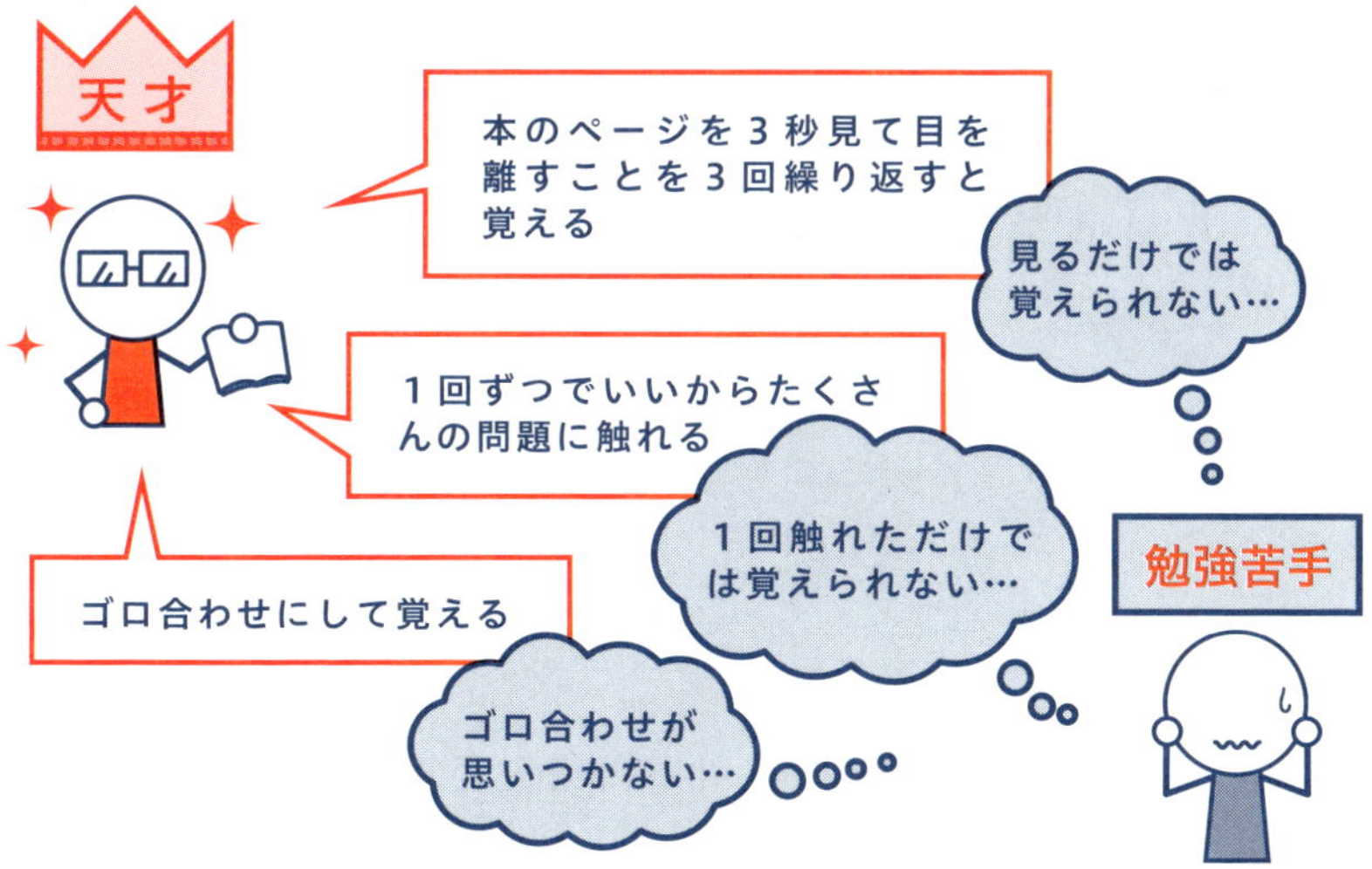
天才
本のページを3秒見て目を離すことを3回繰り返すと覚える
見るだけでは覚えられない…
1回ずつでいいからたくさんの問題に触れる
1回触れただけでは覚えられない…
ゴロ合わせにして覚える
ゴロ合わせが思いつかない…
勉強苦手

ているためです。できる人ができる人の視点のまま勉強テクニックを紹介していると、その勉強法は再現が難しくなります（余談ですが、私自身、「本のページを3秒見て、目を離すことを3回繰り返せば覚えられる」とする「天才」の勉強法を試しましたが、とても無理でした……）。

苦手な人の視点が必要なのは、勉強法や暗記法を紹介する本（教材）の目的が、読者の「苦手」を得意に変えることにあって、読者の現状が「苦手」という段階にあるためです。

勉強でお困りの方は、どこでつまずいているのか。何をどのように変えたら、より成果が出るのか。これらを踏まえることなく暗記法を伝えることはできません。

本書では、**「勉強が苦手な人」が覚えるときに意識していないことを踏まえて、なすべき手順を言語化し、わかりやすく説明**していきます。これは、私も勉強が苦手だったからできることです。

「文字」だけでは伝わりにくい

なすべき手順を言語化して説明する……。たしかにそれは大切ですが、これだけでは勉強が苦手な方にとって最高の本とはいえません。なぜなら「言語化」ということは、テクニックを「文字情報」としてお伝えすることになるからです。

勉強法や暗記法を紹介している本のほとんど（というか、ほぼすべて）が、映像ではなく文字ばかりの情報である点も、有益なメソッドを伝えられない理由として挙げられるでしょう。

話は変わるようですが、**文字情報よりも、「映像情報」のほうが印象に残っている**はずです。何か思い出せといわれて思い浮かぶのは「文字」ではなく、思い出などの「映像情報」のはず。また、名前は覚えられないのに顔は覚えられることもこれを示しています。

私たちの頭は、文字よりも「映像」のほうが認識しやすくできているのです。

だから本書では、暗記の仕方を**「図解」**に基づいて解説しました。目線の動かし方や頭のなかでの情報の整理方法など、**暗記テクニックを可能な限り「映像」にしてお伝えする**ことで、わかりやすくなり、再現性が高まるためです。

そもそも勉強とは、知的作業であって、頭のなかでするものです。頭のなかでする作業だからこそつかみどころがなく、習得するのが大変なのです。まして自分以外の人が教えてくれる勉強の仕方を、自分の頭のなかで再現するのは容易ではありません。

再現のしやすさを考えたら、文字情報ではなく、映像として暗記法を紹介することが賢明である。私はこう判断したのです。

暗記の仕方をここまでわかりやすく「映像化」できた本は、おそらく本書が初めてでしょう。豊富な図のおかげで、すぐに実践できる暗記法になっていると自負しています。

映像のほうが印象に残る

私たちの頭は、**文字**よりも**映像情報**のほうが認識しやすい

本書に出てくる図解

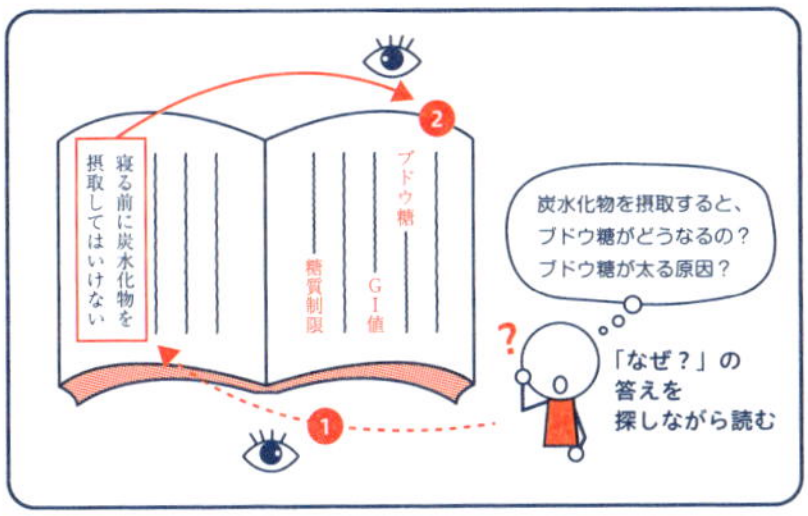

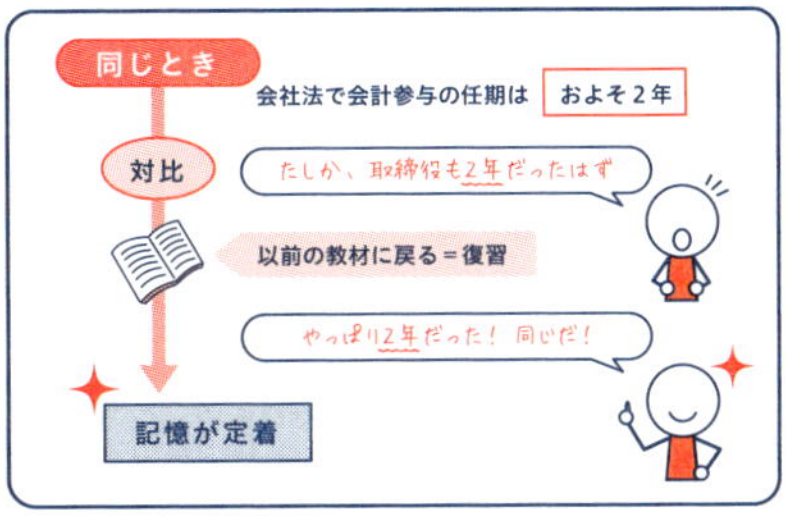

暗記テクニックが図でつかめる！

Lesson

3 効果のある暗記の仕方・ない暗記の仕方

効果のない覚え方は「反面教師」

なすべき暗記の手順を言語化し、図解まで用意して暗記法を解説したのが本書ですが、本書の内容をしっかりとお伝えするために、大まかに「効果のある暗記の仕方とない暗記の仕方」を説明しなければいけません。

先ほど「勉強（暗記）が苦手な人の視点が大切」というお話をしたので、苦手な方々がどのように覚えているかについて説明しましょう。**「してはいけない暗記法」を最初に知って、反面教師にしてほしい**のです。

反面教師にするべき暗記の仕方は、目の前の情報をそのまま覚える、繰り返さずに覚える、絞らず覚える、という覚え方です。

では、1つずつ見ていきましょう。

効果のない3つの覚え方

覚えることが苦手な人の覚え方の特徴の1つ目は、目の前の情報を「そのまま」覚えようとすることです。

目の前の情報は、覚えるための情報ではなくて、情報の発信側からすれば、「説明するための情報」です。

だとすると、その情報は頭に入りにくいに決まっています。説明のための情報である以上は、読み手を納得させるため、修飾語が多く、譬《たと》え話がふんだんに入っている場合もあります。そう、情報が長くなりがちなのです。

暗記法うんぬんの前に、「ボリュームのある情報はなかなか覚えられない」というのは、誰もが認める事実でしょう。**暗記が苦手な方は、そもそ**

暗記が苦手な人がやりがちな覚え方

も覚えられないものを覚えようとしているのであって、覚え方を工夫する必要があるのです。

効果のない覚え方の2つ目は、「繰り返さない」という勉強スタイルです。情報に繰り返し触れているうちに記憶は強化されるものなのに、暗記が苦手な方はそもそも繰り返す努力をしない傾向があります。

3つ目に、覚えたい情報に照準を合わせない・覚える情報を絞らない人も暗記が苦手でしょう。

前提として、たくさんの情報があるなかで、すべてを覚えようと思っても情報量が多すぎて覚えられるはずがありません。

なかには「すべてを覚えようとなんてしていない！」との反論もあるでしょうが、ページを開き、「このページで覚えるのは3行目！」というくらいはっきりターゲティングしなければ、全部を覚えにかかっているのと同じようなものです。

暗記の達人はどうやって覚えるのか

覚えるのが上手な人は、いままで見てきた「してはいけない覚え方」の真逆のスタイルで勉強しています。ここで紹介しましょう。

暗記の達人は、まずは、**徹底的に覚える情報を選別し、絞り込む**ことをしています。すべては覚えられないことを知り、限られた時間のなかで目標を達成するだけの知識量を確保できればよいと考えているのです。

次に、**説明のための情報を、覚えるための情報に変換すべく、情報を「料理」**します。

たとえば、一見すると関連がないと思える情報でも、似た情報をまとめ、覚えやすい情報に変える工夫をしています。常日頃から頭を動かして、どのように情報を変換したら覚えやすくなるのかを考えているのです。

覚えられる人は、情報の変換だけでなく、**覚えるために繰り返すことをいといません**。覚えたい情報には、何度も何度も嫌になるくらい触れる努力をします。また、普段の学習のなかでも、情報にタッチする回数をとことん増やす工夫をしています。

ごくごくまれに一度見ただけで覚えてしまう人がいますが、それは「積んでいるエンジンが違う人」のことだと思ってください。

普通の優秀な人（という表現はわかりにくいかもしれませんが）であれば、何度も繰り返さないと覚えられないことを知っていて、それを実践しようと努力するのです。

暗記の達人ともいえる優等生は、これらのことを「無意識で」していることがほとんどです。無意識であるからこそ覚え方をなかなか説明できないものですが、本書では「暗記の達人が無意識でしていること」を、図解を通してわかりやすく、かつ丁寧に解説していきます。

きっと「これならできる」と思えるはずです。

暗記が得意な人の覚え方

1 絞る … 覚える情報を徹底的に厳選する

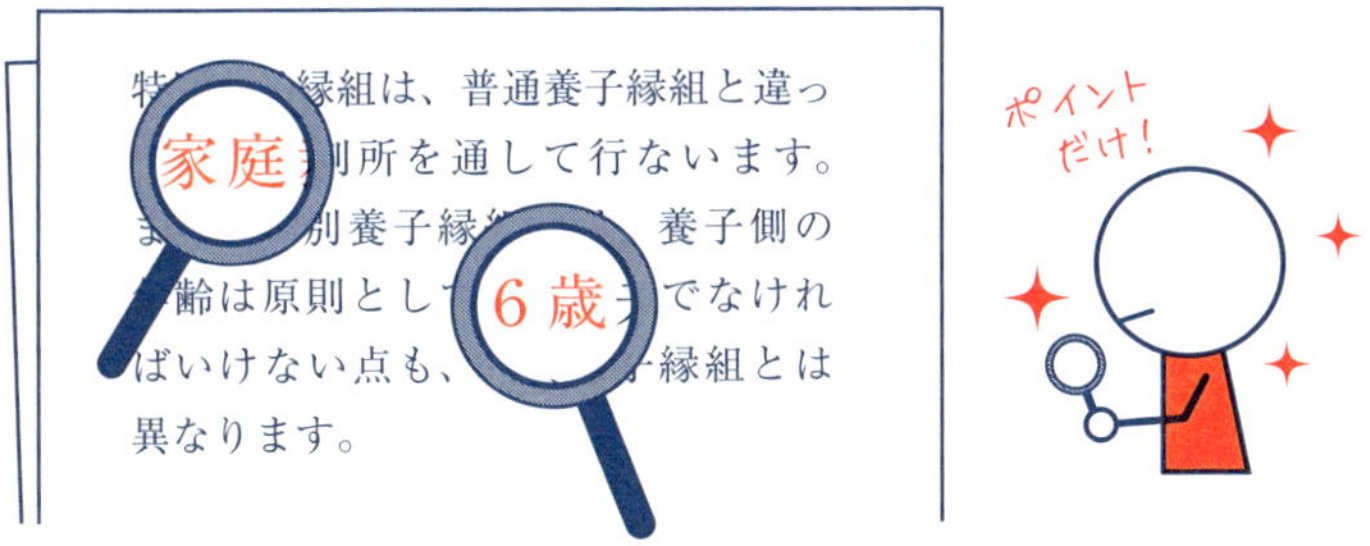

2 変換する … 情報の姿・形を覚えやすいように変える

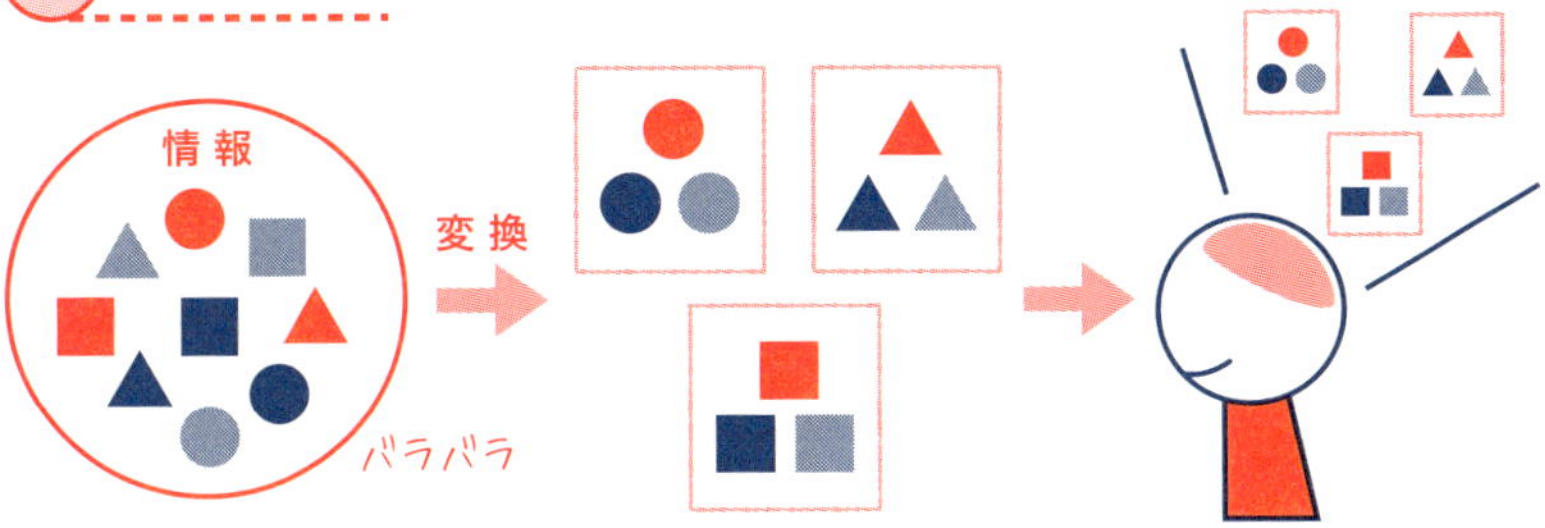

似たものをまとめる　　頭に入れやすくなる

3 繰り返す … 情報に触れる回数をできるだけ増やす

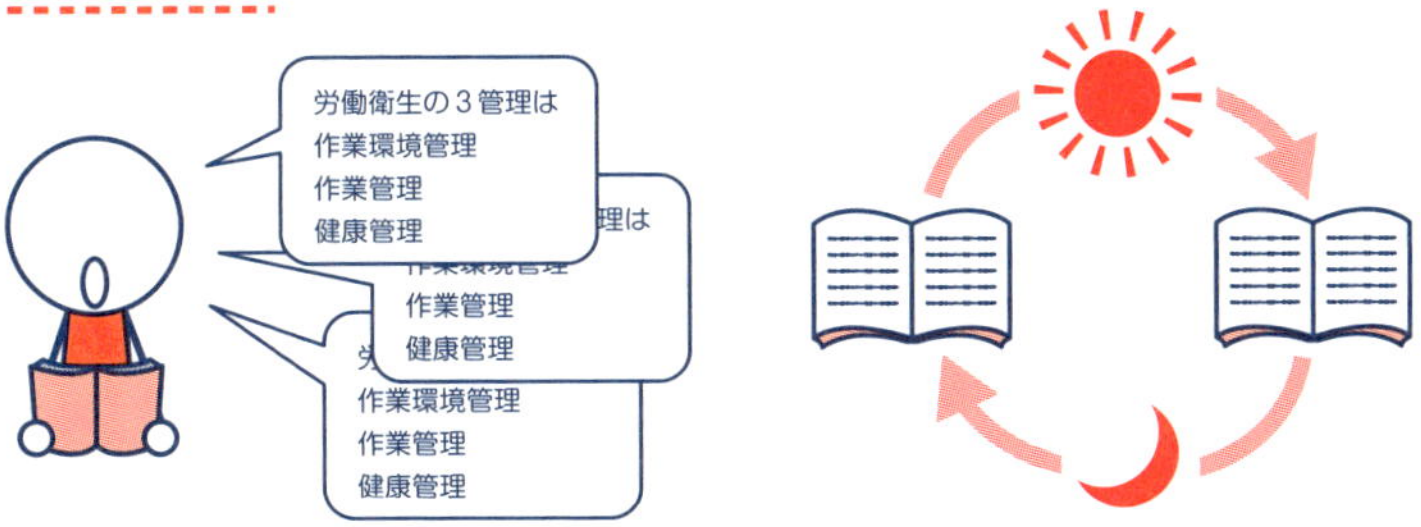

繰り返し声に出す　　何度も復習する

Lesson 4 暗記法を机上の空論にしないために

勉強本・暗記本は何冊も読んだけれど

これまで勉強や暗記のテクニックを紹介している本は何冊も読んだけれど、読んだからといって勉強ができるようになることはなかった……。本書も、これらの類《たぐい》の本と同じなのではないか？　まだまだこう思っている方もいるでしょう。

私も、「勉強のための勉強」はこれまでもたくさんしましたが、全部が全部効果のあるものではありませんでした。一方で、同じメソッドでも効果が出る人もいます。どうせ同じ時間を過ごすなら、効果が出たほうがいいに決まっています。

だからこそ、どうして効果が出ないのか、効果を出すためには、本を読んだあとに何をしたらよいのか、第1章の最後に、これらを一緒に考えましょう。

暗記法と自分の覚え方を比べる

暗記法を習得したいのなら、**暗記法と自分自身の覚え方との比較**が必要です。合理的だというテクニックのどこがどのように合理的なのか、自分のこれまでの勉強法とどこが違うのか、比較しなければわかりにくいためです。何事も比較を通してその正体を明確にするのです。

本書では、これから数々の暗記法を紹介しますが、どこが自分自身の覚え方と異なるのか、常に考えながら読み進めてください。

読書は一人でするものであり、どうしても受動的になってしまいがちです。しかし、読書の効果を100％享受するためには、能動的な姿勢が必要です。頭をフル回転させて、考えながらページをめくるのです。

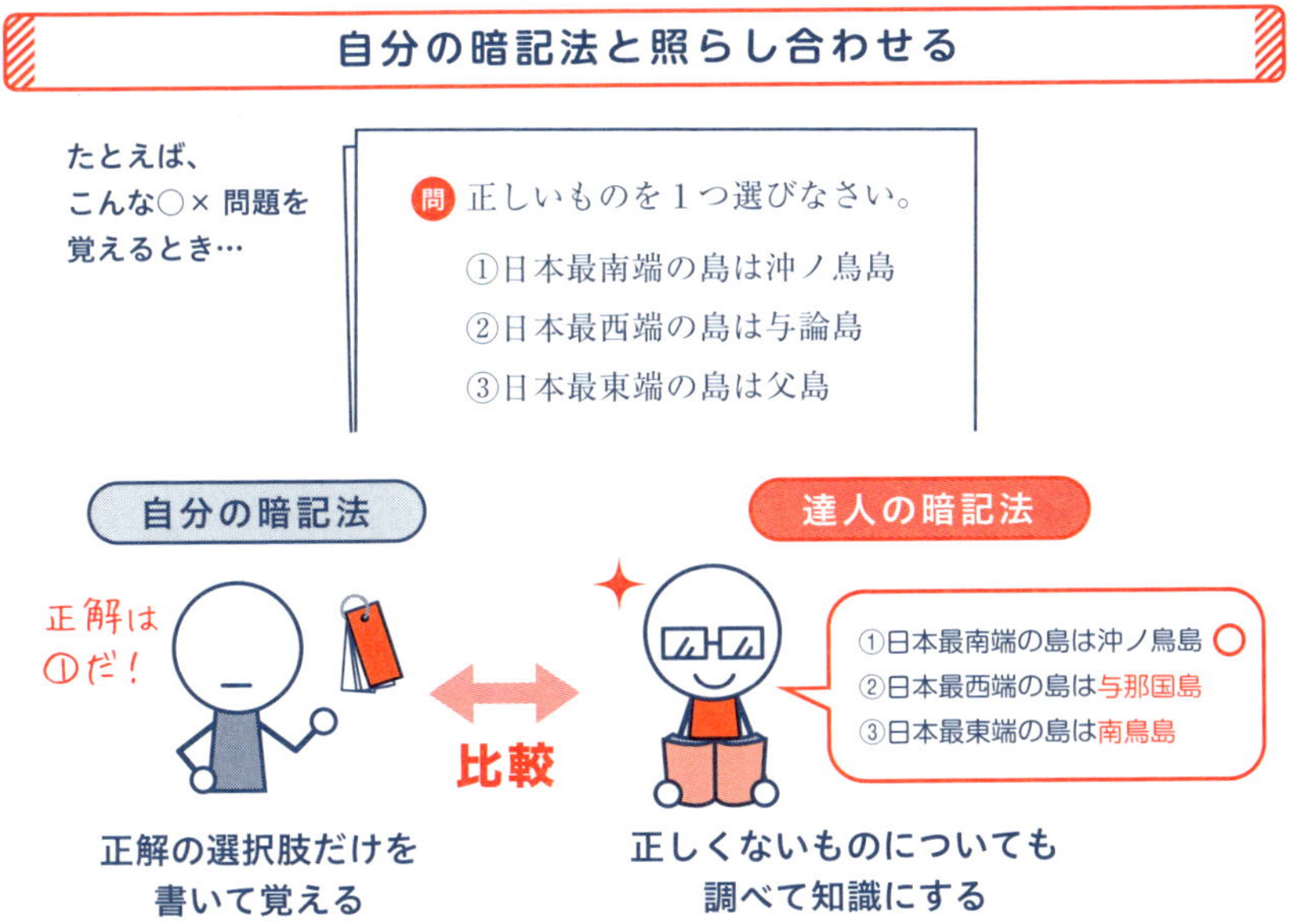

自分の暗記法と照らし合わせる
たとえば、
こんな○× 問題を
覚えるとき…
問 正しいものを1つ選びなさい。
①日本最南端の島は沖ノ鳥島
②日本最西端の島は与論島
③日本最東端の島は父島
自分の暗記法
達人の暗記法
正解は①だ！
比較
①日本最南端の島は沖ノ鳥島 ○
②日本最西端の島は与那国島
③日本最東端の島は南鳥島
正解の選択肢だけを
書いて覚える
正しくないものについても
調べて知識にする

「この場面なら」と瞬時にあたりをつける

本書で紹介する暗記法ですが、そのいずれもが、どのような場面でも使える万能な覚え方ではありません。

2行や3行の文章をそのまま覚える場面の暗記テクニックと、マークシートの○×問題対策の場面で威力を発揮する覚え方が、まったく同じはずはないでしょう。

なので本書の各項目のなかで、「○○を覚える場面です。このような場面では〜」というように、場面設定することがあります。

このとき、「○○なら、自分はこう覚える！」と瞬時にあたりをつけてから読み進めてください。本書の暗記法と自分の覚え方を比較するのです。自分の覚え方を明らかにしなければ、「本書の暗記法と自分自身の覚え方との距離」をつかめず、正すべきところがわからなくなってしまいます。

暗記法をまずは復習で実践！

暗記法が自分の覚え方と違うとわかったら、次は暗記法を実際に試してみる番です。すべての暗記法があなたが目標としているもの（試験など）に合うとは限りません。数個でもいいから自分の勉強に取り入れる！　この気持ちで、使える暗記法を探すべく机に向かってほしいのです。

暗記法を試すときは、**まずは「復習」の場面で実践**しましょう。既に勉強した内容であれば、だいたいの内容が頭に入っているため、新しい覚え方を試すときでもストレスなく取り組めるはずだからです。

慣れないうちは、暗記法を使って勉強していると時間がかかるでしょう。

けれども時間がかかったっていいのです。むしろ時間をかけてください。時間をかけ、どのような思考をして暗記までたどり着くのか、頭のなかでそのルートを確かめるのです。

暗記法を自己流にアレンジ

極めつけは、本書で紹介した暗記法を、あなたなりにカスタマイズすること。

繰り返しになりますが、あなたが目標としている試験や勉強内容によっては、本書で紹介している暗記法が「万全」とはいえない可能性がありま す。資格試験を目指す人の勉強法と、ビジネスでプレゼン内容を覚えるためにする勉強法の内容は、異なるものであり、それぞれの目標に合わせて「腑に落ちる暗記法」にアレンジしたほうがよいのです。

だからこそ、本書の暗記法をたたき台にして、あなたなりの暗記法を確立してほしいのです。

すべては「既にあるものを参考にすること」から始まります。暗記の仕方だって例外ではなく、本書の暗記法をベースにして、あなたに合ったメソッドに仕上げていけたら最高なのです。では、次の章から具体的な暗記法をお伝えしましょう。

暗記法実践の流れ

① 暗記法を比較する

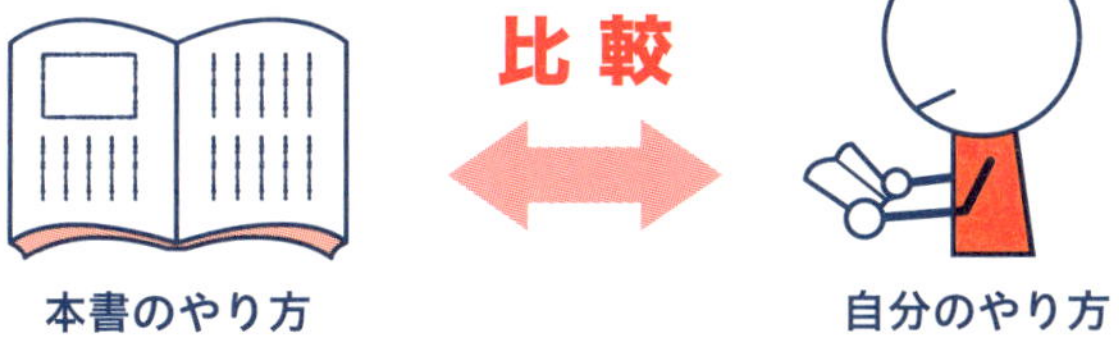
比較
本書のやり方
自分のやり方

② 復習の場面で取り入れてみる

なるほど！
頭文字で覚える法
連想ゲーム暗記法
ダイジェスト復習法

③ 暗記法をカスタマイズする

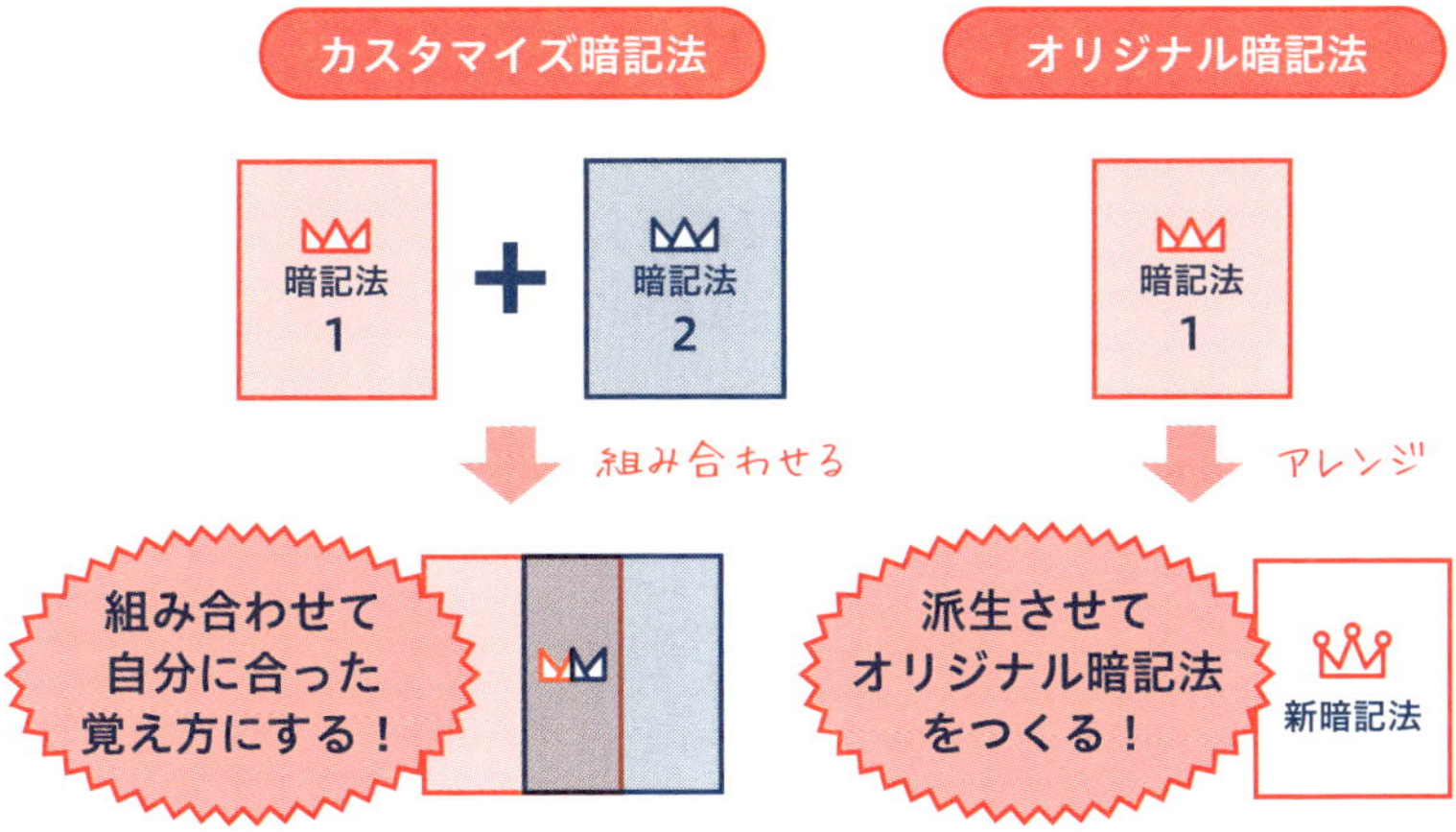
カスタマイズ暗記法
オリジナル暗記法
暗記法 1
暗記法 2
暗記法 1
組み合わせる
アレンジ
組み合わせて自分に合った覚え方にする！
派生させてオリジナル暗記法をつくる！
新暗記法

COLUMN①

実践しなきゃ意味がない！

本書は、有効かつ効率的な暗記法を紹介した本ですから、ここに書かれている暗記法を正しく使いこなせば学習の効果は格段に上がります。数多くの受験生がこれらの暗記法を学び、目標を突破していることがその証です。

ただし、学習の効果を高めるために約束してほしいことが１つあります。それは、本書で紹介した暗記法をあなたの日々の勉強で、実際に「試す」ということ。本を読んだだけで満足するのではなく、勉強しているときに本書をテキストなどの教材の隣に置き、どれかの暗記法が使えると気づいたら、「暗記法の実践」にトライしてほしいのです。

暗記法の実践がなければ、あなたはただの「勉強法・暗記法マニア」になってしまいます。それでは、暗記法の恩恵を受けることができず、学習の効果が上がることはありません。勉強法・暗記法を知っていても机上の空論のままで、頭でっかちになってしまっているのが「マニア」の特徴です。

資格スクールなどの予備校には、一定数このマニアが「生息」しています。

あなたは決して「勉強法・暗記法マニア」になってはいけません。有効かつ効率的な暗記法は、活用して初めて価値があるのですから。

マニアにならない方法は、いたって簡単です。本書で学んだ暗記法を、日々の学習に取り入れるだけです。常に、暗記法が使えそうな箇所はないかを考えて、見つかったら暗記法を実際にあてはめてみます。何事も実践がなければ意味がありません。勉強法・暗記法だって同じなのです。

第2章

情報は「文章」から覚えるのが暗記勉強法の基本

Lesson

1

文章は「大枠」を見て「細部」を読む

暗記できるのはどっち？

ここからは、テキストなどの「文章」を読むときに役立つ「覚えるための読み方」を解説します。

実際の覚え方を説明する前に、あなたに1つ質問です。次の情報のうち、覚えやすいのはどちらでしょうか？

①桃太郎が着ていたのは「陣羽織」
桃太郎が最初に出会った家来は「犬」
②アテナが所有していた盾は「アイギス」
アテナが飛ばしたのは「フクロウ」

覚えやすいのは「①」のはず。ギリシャ神話のアテナ女神よりも、桃太郎のほうが覚えやすいのはあなただけではありません。

「大枠」を知っていれば細部も覚えやすい

桃太郎のほうが覚えやすいのは、あなたが既に桃太郎の物語のあらすじ、つまり「話の大枠」を知っていたからです。話の大枠を知っていると、細かな知識まで頭に入りやすいのです。

大枠が暗記に役立つのには理由があります。

これから覚えたい情報が、既に頭のなかにある大枠の知識につながって、記憶が強化されるからです。桃太郎の物語なら、「陣羽織」を羽織っている桃太郎の姿を想像できたでしょう。「桃太郎は着物を着ていたけれど、あれは陣羽織か」とすぐにイメージできるのです。

このように大枠の知識に結びつけることが「知識の孤立」を防ぎます。覚えたい情報を知っている知識に結びつけて記憶を強化するのです。

文章の大枠のおさえ方

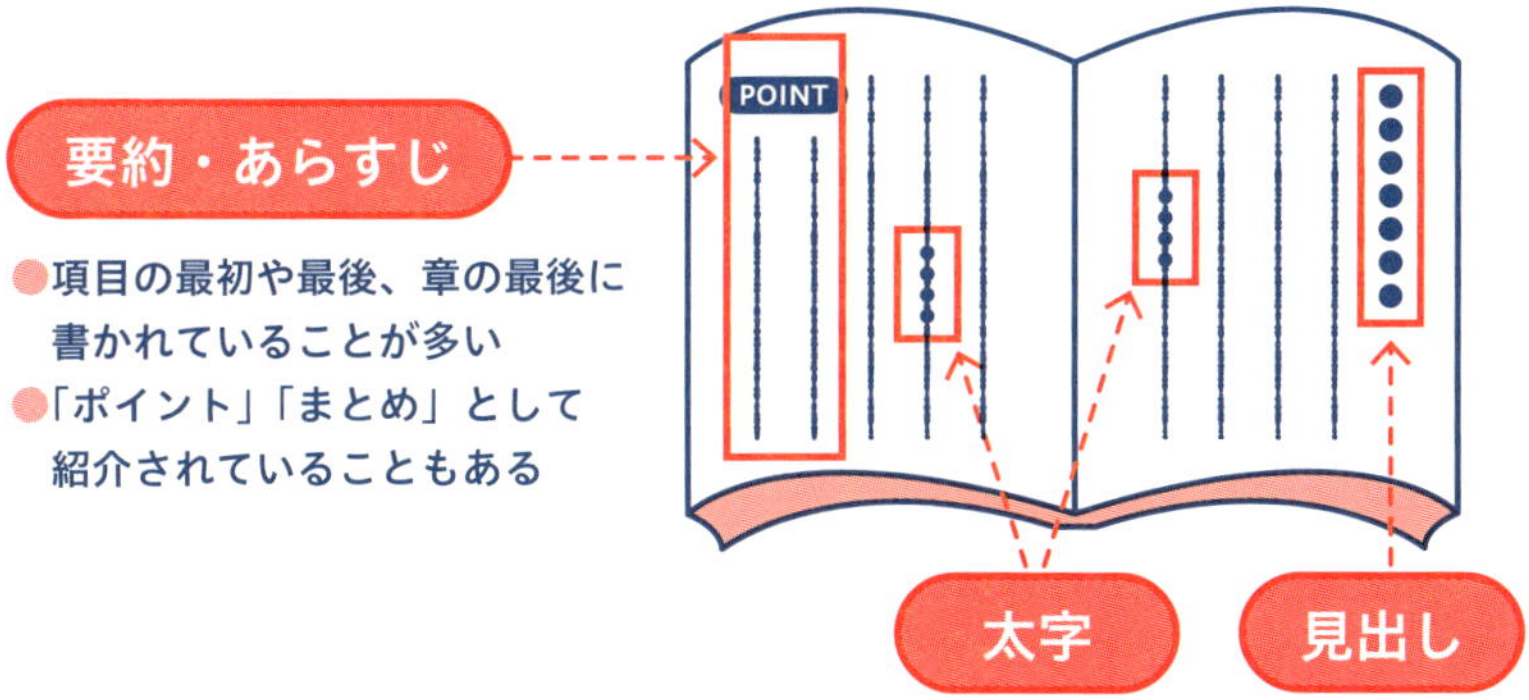

**大枠を知ってから
細部の知識を頭に取り込もう！**

大枠をおさえる方法

勉強の場面もこれと同じです。**覚えたい情報があるなら、まず大枠をおさえて、細部の知識は大枠に結びつけるように覚える**べきです。

だから未知の分野を勉強する際は、大枠の知識を真っ先に習得しましょう。細かな知識は二の次です。

テキストを開いたときに、1行目から順々に読む人がいますが、これはおすすめできません。1行目から読むことは、細部の知識から習得しようとする行為だからです。

大枠をつかむために、勉強する単元の**「あらすじ・要約」**があれば、それから読みましょう。

あらすじや要約がなくても、これから勉強する単元の**「見出し」**やページ内の**「太字」**にまず目を通す。これだけで「いまから勉強する内容」にあたりをつけるくらいはできるようになります。

「目次」「年表」「まとめ」も情報の大枠

大枠を知るためには、「見出し」や「太字」以外にも活用してほしい情報があります。話の大枠を知るためのヒントになるのなら、何でも活用しましょう。

まずは本の**目次**です。目次を見ることで、**話の展開が予想できることがあります**。

たとえば、勉強するのが会社法の「取締役の権限」という単元だとします。目次を見て、次の単元が「監査役の権限」となっていたら、「取締役の権限」を勉強するにあたって、監査役との違いが重要だとわかり、それを意識することが勉強に役立つのです。

話はそれますが、目次を見ることは、単元の重要度の把握にもなります。「取締役の権限」は10ページあるのに、「監査役の権限」は5ページしかないのなら、取締役のほうが重要だとわかり、そこに集中して勉強できます。

「大枠をおさえる」話に戻すと、**年表**がある場合は、これも大枠の知識になります。

年表があるということは、「いつ、何が起こった」かが時系列でまとめられています。話の展開がまとめられているのですから、ここは「大枠の知識」そのものといえるのです。年表があるなら、真っ先に目を通しましょう。

受験教材なら、単元ごとに**重要事項まとめ**が載っていることがありますが、これも大枠の知識です。たとえ箇条書きでも、項目全体のまとめにほかならないためです。「重要事項まとめ」というわかりやすい表題でなくとも、「単元のポイント」といった箇所も同じです。

とにもかくにも、**「大枠→細部」の順番で情報をおさえる**クセをつけましょう。細かな知識まで含めていっぺんに覚えるのは大変ですから、細部の情報を覚えやすくする大枠の知識から覚えにかかるのです。

大枠をおさえるために活用できるもの

「大枠」を知るためのヒントになるもの	ここがポイント！
見出し	・ページをめくり、まず見出しだけ流し読みする ・いまから勉強する内容にあたりをつけながら目を通す
太字	・太字になっている部分に固有名詞があれば、そのまま覚えるべき単語である可能性が高い ・いまから勉強する内容にあたりをつけながら目を通す
目次	・話の展開を予想しながら目を通す ・どこの部分にページが多く割かれているのかに注目する
年表	・話の展開を予想しながら目を通す ・「いつ」「誰が」「何を」「どうした」の部分を意識して読む
重要事項まとめ	・単元や章ごとに「まとめ」があるのなら、まず初めに「まとめ」を見て、これから勉強する内容にあたりをつける

「大枠→細部」の順に覚えるのが暗記の近道！

Lesson 2

ページを開いたら、まずは結論を探す
～目線は「結論→中身→結論」～

覚えたい情報は何？

受験勉強ならテキストを読む。趣味の勉強だったら本を読んで勉強する。このように、勉強は「読むこと」が中心になります。

では、本のなかで、覚えたい情報はどのような情報でしょう。

おそらくは、書いてある文章のすべてを覚えたいわけではないはずです。

覚えたいのは文章の核心部分であり、筆者の主張や、結論に該当する部分でしょう。誰しも余計に時間を使いたくはないのですから、文章すべてを覚えようとするのはまったくもってナンセンスです。

しかし、主張や結論などの核心部分を覚えたいのに、それが難しく感じる原因があります。

日本語の「核心部分」はわかりにくい

それは、文章の書き方のせいで、核心部分がわかりにくいことがあるのです。

小説や論説文など、文章の種類によって書き方は異なりますが、日本語の文章は、主張や結論から書かれていることは、ほとんどありません。

多くの文章は、核心部分のための説明から始まり、徐々に核心に近づいて主張や結論に至る――このような構成になっています。

このように文章が書かれるのは、書き手が読み手を納得させようと文章を書いているためです。

一方で、あなたが勉強のために文章を読む目的は、ズバリ「覚えるため」です。書き手と目的が違うのですから、書き手が書いた順に読むのが正解とは限らないのです。

文章の核心部分を見つけるヒント

つまり　結論として　要するに　大切なことは　重要なのは

これらの表現を見つけたら、真っ先にそのくだりを読む！

例 株券発行会社において、株主が株式の譲渡をするには、譲渡（たとえば売買）の意思表示だけでなく、譲受人に対して株券を渡さなければいけない。つまり、株券発行会社における株式譲渡は、株券の交付が要件である。

まずは主張・結論を探す

覚えるためには、真っ先に「主張・結論」を探すようにしましょう。1行目からゴリゴリと文章を読み始める前に、**まず覚えるべき情報、つまりは「主張・結論」を見つけてから1行目に戻り、中身を読む**のです。

こうすることで、話の着地点を頭の片隅に置いて文章を読むことが可能になります。たとえば、「著者の主張は政策に反対している」とわかった上で文章を読めば、文章の読みやすさが格段に増し、知識も頭に入りやすくなります。

そして、「主張・結論」を探すために、「主張・結論のしるし」を見逃さないようにしましょう。「つまり」「結論として」「要するに」「大切なことは」「重要なのは」という表現があれば、真っ先にそのくだりを読みます。そのくだりには「主張・結論」が書いてあるからです。これらの表現をヒントに文章の核心部分を見つけてください。

太字や最終段落は要チェック

主張や結論をすぐに見つける方法は、何もそれに結びつくような表現に注目するだけではありません。すべての文章に共通するとはいえませんが、次のような点にも注目するべきです。

まずは**太字**です。太字になっているということは、本の書き手側が大切だと思っている情報になりますから、ここはおさえておくに越したことはありません。

テキストを開いて、まず太字をチェックするのは「大枠」をつかむことにもなるため、習慣にするとよいでしょう。

次に、**最終段落**も真っ先に確認してほしいところです。説明のための文章では、文章のいずれかの箇所で核心部分に触れてから、最終段落で主張や結論にもう一度言及していることが多いためです。最終段落で総括するのがわかりやすさにつながるため、そのように書かれるのです。

「なぜ？」が記憶を強化する

主張や結論を見つけられたら、今度は1行目に戻ってテキストを読み返します。

このときのコツは、**常に結論に結びつけて考えながら読む**こと。たとえば結論が、「寝る前に炭水化物を摂取してはいけない」であれば、ほかの文章にはその理由が書いてあるはずです。「なぜ？」という視点を持って1行目から読んでほしいのです。このように読めば、常に頭を動かすことにつながり、納得しながら文章を読み進めることが可能です。結果、文章が頭に入りやすくなるのです。

このような読み方は、「積極的な読書姿勢」といえます。

著者が1行目から書いたからといって、1行目から読まなければいけないというわけではありません。目標は覚えることにあるのですから、覚えやすいように文章を「料理」すればよいのです。

記憶を強化させるための「積極的な読書姿勢」

1 まずは大枠をつかむ

2 初めから読み直す

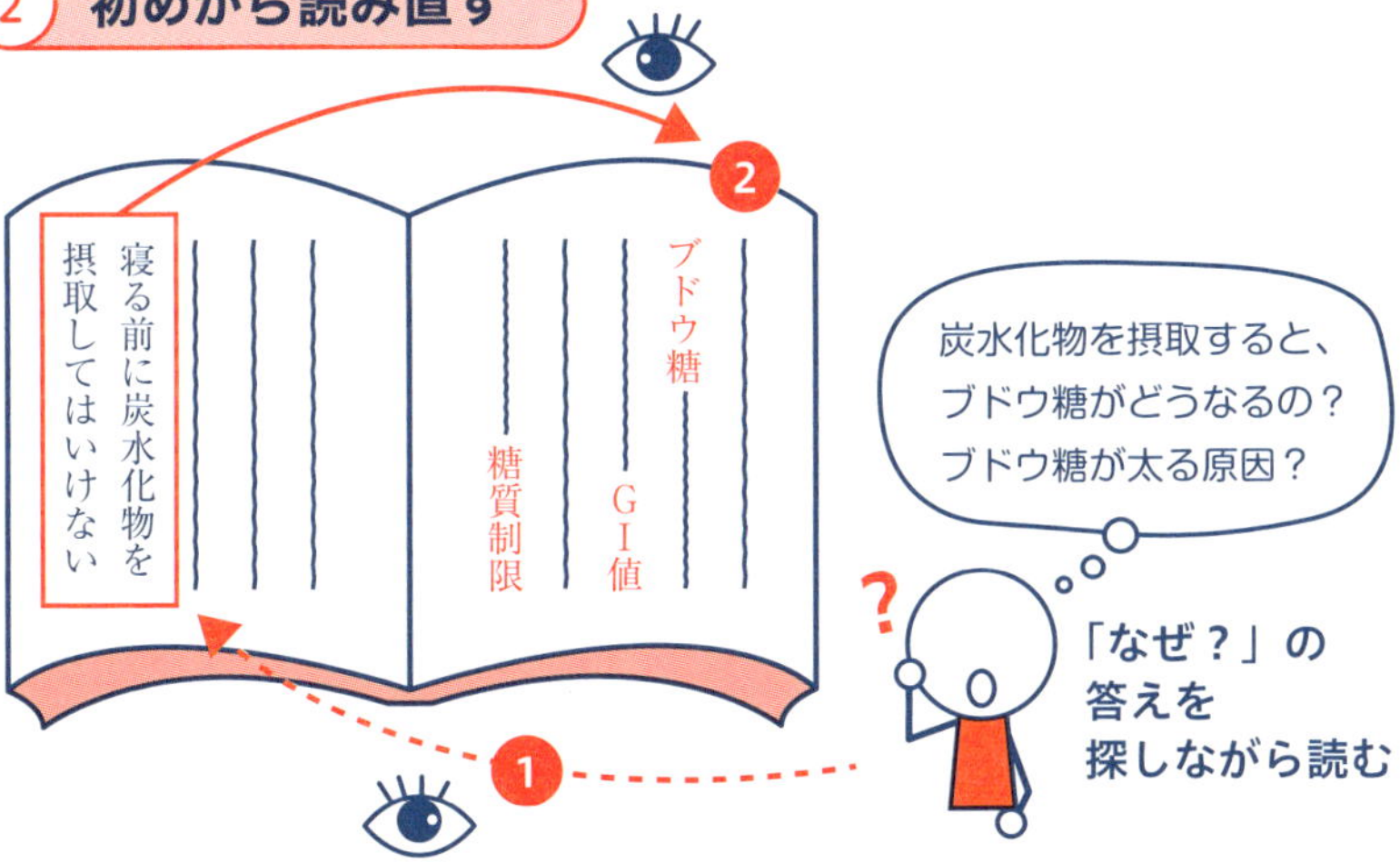

覚えやすいように情報を料理しながら読むことが大切

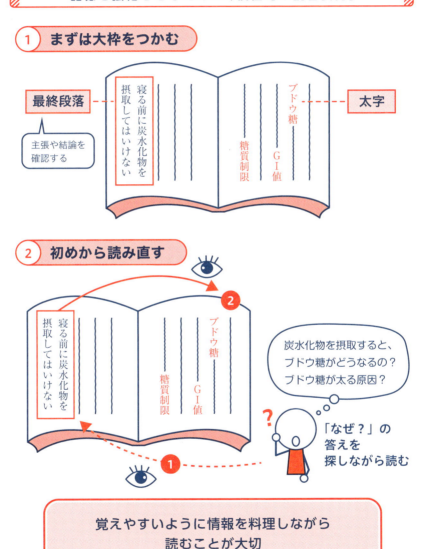

Lesson 3

「主語＋述語」に注目する法

2行以上の文章は覚えるのが大変！

ここからは「文」の覚え方です。

ピンポイントで覚えたい文があった場合に、あなたはどのように覚えるでしょうか。

次に挙げる例文は、「日米修好通商条約」についての説明文です。

> 日米修好通商条約は、日本側に関税自主権がなく、一方でアメリカ側には外国人が在留国で本国領事の裁判を受ける領事裁判権があり、さらにはアメリカに有利な片務的最恵国待遇が認められていたため、不平等条約と呼ばれる。

この例文は、6行にもなっており、覚えるのは容易ではありません。覚えにくいからこそ、覚えやすいように工夫して暗記しましょう。

わずか6行の文章ですが、覚えてくださいといわれるとなかなか頭に入りません。

覚えにくい原因は、情報が大きすぎるからです。ほとんどの方にとって、2行以上にもなる「文」は覚えるのが大変なはず。

情報が大きくて覚えにくい場合は、覚えやすいサイズまで小さくしましょう。これまで「文」が覚えられなかったのは、あなたの頭が悪いからではありません。複数行にもなる文は覚えやすいとはいえないくらいの大きさなのです。

私がおすすめするのは、**文章を骨組みとそれ以外のサブ情報に分けて、それぞれを1行ほどの小さな文にしてしまう方法**です。

長い文章を覚えるポイント

もとの文

日米修好通商条約は、日本側に関税自主権がなく、一方でアメリカ側には外国人が在留国で本国領事の裁判を受ける領事裁判権があり、さらにはアメリカに有利な片務的最恵国待遇が認められていたため、不平等条約と呼ばれる。

覚えるための文

骨組み

日米修好通商条約は
不平等条約

サブ情報

日本は関税自主権ない

アメリカは領事裁判権あり

アメリカに有利な片務的最恵国待遇があった

長い文章を覚えやすいサイズにバラバラにする！

骨組みの「主語＋述語」からおさえる

先ほどの例文なら、まず、「主語＋述語」となっている、「日米修好通商条約は不平等条約と呼ばれる」という骨組みをピックアップします。

骨組みを見つけられたら、次は骨組みを修飾しているサブ情報を拾っていきます。例文では、「日本は関税自主権ない」、「アメリカは領事裁判権あり」、「アメリカに有利な片務的最恵国待遇があった」という部分が、サブ情報です。

このように、文章をバラバラに分けて短くまとめることで、骨組みを3つの理由で詳しく説明しているということがわかります。

骨組みとサブ情報に分けられたら、まずは、骨組みの「主語＋述語」から覚えます。ここが情報のポイントだからです。

骨組みをしっかり覚えてから、サブ情報の暗記に取りかかったほうが、記憶が定着しやすくなります。

主語と述語が浮いてくる

慣れるまでは大変かもしれませんが、文を覚えたいなら、とにかく**細分化**を心がけてください。まずは骨組みにあたる「主語＋述語」を抜き取ることからです。ほかの部分は、別の情報として、あとから覚えるようにするのです。

骨組みを見分けるコツは、中学や高校のときの英語の授業にあります。

英語の授業では、ＳＶやＳＶＣといった文の骨組みを最初におさえることが大切で、それ以外の部分はあとからおさえたはずです。

学校の先生が英文を黒板に書き、骨組み以外の部分をカッコで飛ばして説明したことを思い出してください。

英語の勉強でなくとも、文章を読みながら同じように文の骨組みをおさえましょう。

長い文であれば複数の主語と述語が混在しているかもしれませんが、「どの主語と述語が修飾されている側なのか」を考えながら文章を読むのです。

練習するなら、日本語の文を読みながら骨組み以外をカッコで囲ってみるとよいでしょう。文章がカッコだらけになりますが、骨組み以外の重要度の低いサブ情報が、これだけ文章のなかにあったのかと気づくことができます。

慣れてきたら、カッコをつけなくても頭のなかで骨組みの主語と述語が浮いて見えてきます。

私は文章を読んでいる段階から、骨組みの主語と述語を抜き取るように意識しています。ここぞという文や長い文を読むときは、1文字目からじっくりと読むのではなく、骨組みを初めに探してから、1文字目に戻って読み直すのです。

目線の動かし方を**「骨組みの主語＋述語→修飾言葉などのサブ情報」**というようにすれば、自然とこのような読み方ができるようになり、文が思った以上に覚えやすくなります。

骨組みを見つける

英語では…

The dog (sleeping on the sofa) is Kuro.

S（主語） → V（述語）

その犬はクロです
（ソファーで寝ているのは）

同じ要領で主語と述語以外にカッコをつける

例

主語

日米修好通商条約は、(日本側に関税自主権がなく)、(一方でアメリカ側には外国人が在留国で本国領事の裁判を受ける領事裁判権があり)、(さらにはアメリカに有利な片務的最恵国待遇が認められていたため)、不平等条約と呼ばれる。

述語

つまり

主語 ＋ 述語

日米修好通商条約は、不平等条約

サブ情報

- 日本は関税自主権ない
- アメリカは領事裁判権あり
- アメリカに有利な片務的最恵国待遇があった

Lesson 4

不要な文章は、かたまりごと「カッコ」

情報の圧縮と反復が勉強のカギ

大きな情報になると覚えられないのは、当然といえば当然であり、だからこそ「情報の圧縮」が勉強においてモノをいいます。文を「主語＋述語」という形にして情報サイズを小さくしたのも、情報を圧縮するためです。

しかしながら、情報を小さくしただけで満足してはいけません。情報を覚えやすいサイズにしたら、今度はその**情報に繰り返し触れ、記憶を強化していく**ことが重要になるのです。

情報の圧縮は、情報を覚えやすくするためだけでなく、短い時間で効率的に反復学習するための下準備にもなります。

では、どのように情報を圧縮すれば繰り返しやすくなるのでしょう。

カッコをつけて文章を読む

「文」を覚えようとするとき、カッコをつけるようになれば文の骨組みが拾えて、覚えやすい情報サイズになることは既に述べた通りです。

今度はこの発想を「文章全体」にあてはめてみましょう。文章全体が小さくなり、もとの文章量が膨大でも、短時間で繰り返し読めるようになります。**カッコをつけるべき箇所は、文章をわかりやすくするための例示や対比、理由、物事の背景に関する情報**などです。

たとえば、「豊臣秀吉の太閤検地」に関する文章があるとします。この文章では、「豊臣秀吉が太閤検地を実施した」という事実だけでなく、その前後には、当該事実をわかりやすくするための文章が書いてあることでしょう。太閤検地を実施

カッコをつけて情報を整理する

覚えたい情報

株式の譲渡は、原則として自由である。(~~なぜなら、所有と経営が分離されている会社法のもとにおいては株主には個性がないという事情、さらには株式会社制度においては株主には退社の自由がないという事情があるからだ。~~)

← 繰り返し読む必要のない情報

ポイントは…

例示 | 対比 | 理由 | 物事の背景に関する情報

カッコをつければ、短時間で効率的に反復学習できる！

した理由、時代背景、太閤検地が実施されたことで具体的に人々の活動はどのようになったかなど、さまざまな文章が「豊臣秀吉が太閤検地を実施した」という情報を補強していくわけです。

これらの**補強するための情報は、覚える情報ではなく、一読して納得できたら、繰り返し読む必要はありません**。繰り返し読んで覚えたい情報と、そうでない情報を見分けることが大切です。

繰り返し読んで覚えたい情報が一目でわかるようにするために、補強するための情報にはカッコをつけて、次に読むときはすぐに飛ばせるようにしましょう。

復習のときは、カッコを飛ばして何度も繰り返し読みます。

カッコを飛ばすことで、文章を読む時間が圧倒的に削減できます。全部を読んでいたら2回しか読めないところが、カッコを飛ばして読むことで5回も10回も読めるようになるのです。

これもあれもカッコ

文章全体を読みやすくするためには、**パラグラフのような情報のかたまり全体にカッコをつける**のが有効です。

小説のようにスラスラ読めてしまう参考書の類は具体例などが多いはずです。そのような部分にまるごとカッコをつけてしまって、復習のときは読まないことにします。

具体例などは書き手が読者を納得させるために書いた箇所であり、読者としては「納得したらおしまい」でいいのです。繰り返し読んで覚える情報ではありません。

これもまた、俗にいう「頭のいい人」は無意識に実践していることです。頭のいい人は、文章がずらずら並んでいても、飛ばしながら読み進めることができます。

ある主張が書いてあって、そのうしろに「たとえば～」と続く部分があれば、無意識に飛ばして読む。「どうせこの部分には、前文の例示が書いてあるのだから読まなくてもいい」と即座に判断しているのです。

カッコ部分を読み飛ばして意味が通るか

頭のいい人の行動を「見える化」して、反復学習を容易にするのが「カッコ学習」の狙いです。

カッコをつける箇所がわからなければ、カッコを書き込んだ文章のカッコ外だけを読み、全体の**文章の意味が通るか確認するとよい**でしょう。

たとえば秀吉の政策について勉強しているときに、太閤検地の説明部分のカッコを読み飛ばし、次にカッコをつけなかった文に「刀狩（あるいは身分統制令）」についての記述があれば、豊臣秀吉が実施した政策として重要なことだけをピックアップできているとわかります。

大事な部分はどこなのかを、日々考えながら文章を読みましょう。

文章をカッコで読みやすくする

頭のいい人が無意識に実践している

カッコ学習

秀吉は、いくつかの政策を行なった。
まずは、太閤検地。
当時の状況は――
次に、刀狩。
刀が必要だったのは――
さらに、身分統制令。
たとえば、――

ポイント

具体例　対比　背景

などは（　　）でくくること！

反復しやすいように、情報を圧縮する！

Lesson 5

「キーとなる単語」にターゲットを絞る

文はとにかく覚えにくい！

これまで文単位の情報をいかに覚えるかについて説明してきました。勉強する際は「読む」という行為が基本になるため、いずれも習得してほしいテクニックです。

しかしながら、テクニックを駆使しても、文はそもそも覚えにくいという事実を思い出してください。

人間が瞬時に覚えることができる情報量は、文字にして「数文字程度」という説があります。これが正しいかどうかはさておいて、感覚としては瞬間的に記憶できる情報量はたしかにそのくらいでしょう。

数文字というと、もはや「文」という単位ではありません。「単語」の域を出ないのです。

キーワードに絞って覚える

瞬時に覚えることができるのはせいぜい単語。この事実をしっかりと受け止め、**キーワードを覚えることに注力**しましょう。

ここでいうキーワードとは、試験勉強であればズバリ試験で出題される単語であり、ビジネスの世界であれば、知らなければ先に進めない単語などです。

このような単語をおさえておけば、試験勉強でもビジネスにおける勉強でも、「勉強の目標」に大きく近づけます。試験ならキーワードに配点があり、ビジネスの世界では専門用語に一定の価値があるからです。とにもかくにもキーワードを覚えたらよいのです。

ここでは、キーワードの選定法を解説します。

キーワードを見つける方法

ロシア帝国の極東進出に歯止めをかけるため、1902年に日本の林董とイギリスのヘンリー・ペティ＝フィッツモーリスとの間で、軍事同盟たる日英同盟に関する条約が締結された。この条約が失効したのは、四カ国条約の成立に伴ってのことで、1923年のことである。

人名（ロシア）／人名（歯止め）／年号（1902年）／条約名（四カ国条約）／年号（1923年）

違う単語に入れ替えても
文章の意味が通る部分に注目する！

キーワードの見つけ方

問題は、キーワードをいかに見つけるかです。

文章のなかで、重要単語だけ太字で表示されている場合や、色を変えて掲載されていることもありますが、そうでない場合が大変なのです。

コツは文のなかで**「違う単語に入れ替えても意味が通る部分」**を探すこと。この部分が、試験で狙われやすい単語になるためです。

たとえば、「日英同盟は、１９０２年の条約締結で成立した」という文章があるとします。この文章のなかで「１９０２年」という部分は違う年号にしても文自体は意味が通るため、試験対策上はキーワードとなり、覚えるべきです。

作問者は、多くの場合、「正しい情報」に基づいて作問をします。

すると入れ替えやすい単語に注目して作問する傾向があり、そこが出題されやすい部分になるのです。

思い出すトレーニングをする

勉強で大切なのは、ただ覚えるだけでなくて、**思い出せるように覚える**ことです。思い出せない知識は試験会場では役に立たない知識であって、まったく意味がありません。**思い出せる知識こそ得点の源**になるのです。

「思い出すトレーニング」が大切な理由はここにあります。知識を常に思い出せる状態にするべく、思い出す訓練を勉強に取り入れましょう。

キーワードにマルをつける

キーワードをしっかり覚えるために、次のように思い出す訓練をすることをおすすめします。

まずはテキストを読んでいるなかで、覚えたい単語を見つけたら、単語をマルで囲み、しるしをつけます（マルではなく、マーカーでも構いません）。

コツは、常に考えながらテキストを読むことです。テキストを読みながら「この単語は入れ替えても意味が通るな」と目星をつけて、マルで囲みながら読み進めていきます。

次に、**テキストをパラパラめくりながら、目に入った「マル単語」の意味を思い出してください**。ポイントは、単語だけパッと見て、意味が思い出せるかどうかです。思い出すことができれば、あなたの記憶は強化されているといえます。思い出すことができなければ、もう一度覚えるべく努力してください。

普通の勉強は「文のなかで単語を覚える」という作業のはずです。

しかし、試験では単語の説明を求める問題もあるのですから、単語を見て文を思い出せるようにもしなければいけません。

「文→単語」という思考をしたあとに「単語→文」という思考によって、どのように問われてもいいように脳ミソを鍛えるのです。

思い出すためのトレーニング

1 キーワードにマルをつける

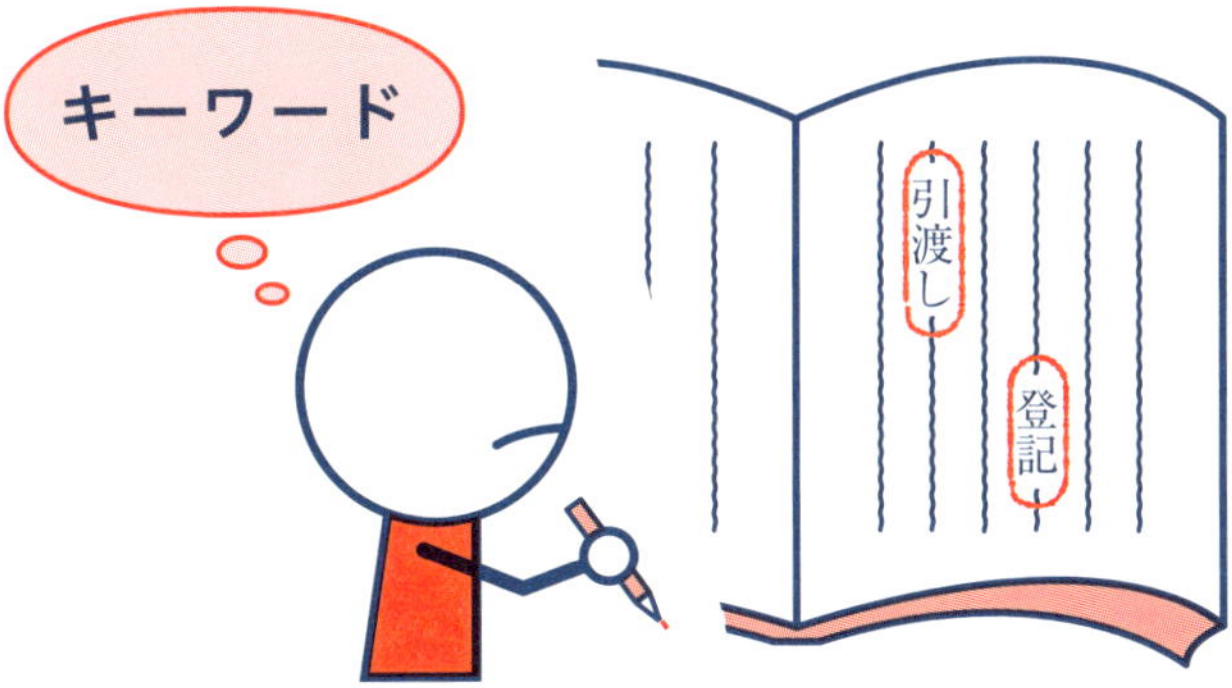

2 テキストをめくりながら意味を思い出す

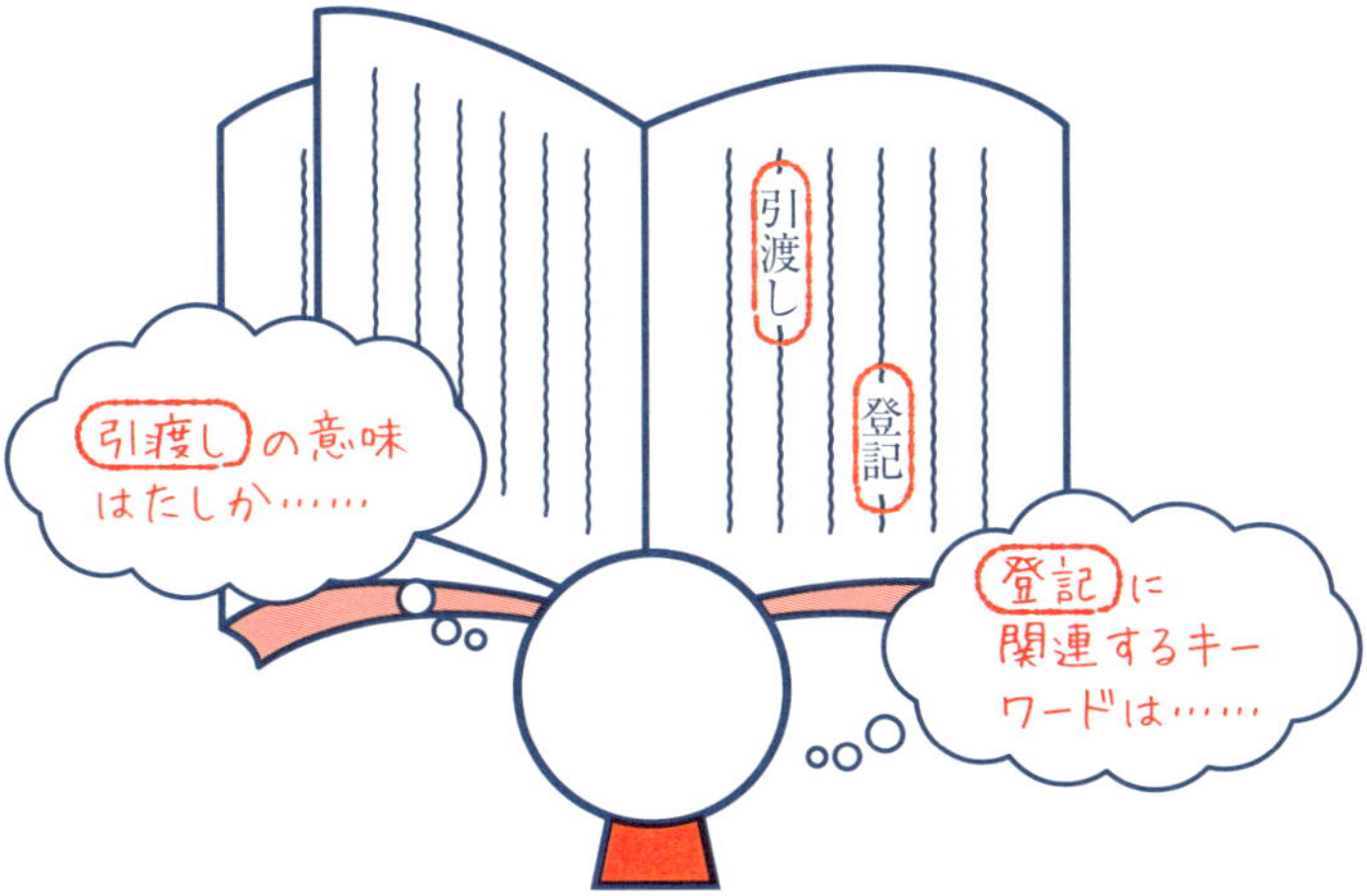

「文→単語」「単語→文」で思い出す練習をする！

Lesson 6

「即反復」で記憶をその場で強化する

暗記の基本を再確認

暗記の基本は、「情報を絞って繰り返すこと」でした。絞ること、繰り返すこと、いずれも成し遂げることができたら、情報は間違いなく覚えられます。

ここでは「繰り返すこと」に関するテクニックをご紹介します。「頭のいい人」は、繰り返すのが得意な人とも言い換えられますので、あなたも効果的な繰り返し方を習得してください。

「繰り返し方」については、第4章で詳しく解説しますが、文章を読むときに意識してほしい繰り返し方をここでお伝えしましょう。

本書を読んで、「繰り返し名人」になってください。そのためには、本書で紹介する「繰り返し方」を必ず試してみてください。

読む間隔があきすぎると復習にならない

当たり前のことですが、繰り返すといっても、今日触れたことを1年後に触れ直すのでは意味がありません。さすがに1年後であれば、今日触れた知識は跡形もなく消え去っていますから、復習にならないのです。

復習とは、忘れる前に触れ直すことで記憶を強化し、頭に定着させる作業です。きれいさっぱり忘れてしまってからテキストを開くのでは意味がないのです。

忘れる前に触れ直したほうがいいのですから、**覚えたい文章を読んだら、「その場で反復」**することをおすすめします。

たとえば、テキストを開き、4ページほどの単元を読んで勉強している場面です。通常なら、4

頭のいい人は繰り返すのが得意な人

短期記憶 を 長期記憶 にするために

1日後　1週間後　1か月後

に反復して覚えていく

＋ プラス

「即反復」で繰り返すのが大事

ページを読み終わったら次のページに進み、新たな単元の勉強を始めるはずです。

しかし、次に進む前に、その4ページをもう一度読み、その場で反復します。これで触れる回数は2回になり、記憶が強化されるのです。

本来であれば、反復は適度な間隔で行なうべきであり、それに異論はありません。私の持論では、**知識に触れてから1日後、1週間後、1か月後にそれぞれ反復するべきです**。反復の回数が増えていけば間隔を広くあけていいのは、記憶が長期記憶になり、「記憶のメンテナンス」をしなくても記憶が維持できるようになるためです。

このような持論がありつつも、私は**「即反復」も推奨します**。

触れる回数が増えれば増えるほど記憶は強化されるし、記憶がすぐに消えてしまう「短期記憶」を、なかなか消えない「長期記憶」に変える努力は早々に行なうべきだからです。

「即反復」だから3分で終わる

問題は、繰り返すことで、勉強の時間がその分、失われることです。

いま勉強した内容を読み直しているうちに時間がなくなり、結局のところ少ない量しか勉強できなければ本末転倒です。期末テストくらいならいいものの、資格試験などともなれば、あなたが勉強したい量は少なくないはずです。

そこで、この章で紹介した方法を思い出してください。絞り込んだキーワードにはマルがしてあり、例示などの「余計な文」はカッコで飛ばせるようになっており、核となる情報だけが目立つようになっていることでしょう。

「即反復」の際は、このような核となる情報に目を触れさせるだけでも効果があります。

「即反復」の目的は、とにもかくにも**情報に触れる回数を増やす**ことにあります。

決して「ここで覚えなければいけない」などと考えてはいけません。そのように考えたらプレッシャーになって、勉強が嫌になってしまいかねません。繰り返しているうちに、自然に覚えることができますから、とりあえず情報を視界に入れるだけでよいと開き直ることが大切です。

また、限られた時間を有効活用するということでは、**制限時間を決めることで時間を区切って反復**すればよいでしょう。

たとえば「即反復は、何がなんでも3分で終わらせる」と決めて取り掛かるのです。時間の制約があると集中しやすく、覚えやすくなります。

短い時間で反復ができるのは、たったいま勉強した内容だからです。たとえ数時間前であっても、時間の間隔があいてしまったら数分で1つの単元を復習することは難しいでしょう。

短時間で復習できるチャンスを無駄にせず、情報に触れる頻度を高めるために「即反復」をあなたの勉強にも取り入れてほしいと思います。

即反復の方法

復習しやすいようにテキストに書き込む

キーワードにマル

民法は権利の上に眠る者は保護に値しないとの考えに基づいて時効制度を規定している。取得時効制度として、「20 年間、所有の意思をもって、平穏に、かつ、公然と他人の物を占有した者は、その所有権を取得する」と規定している。20 年という永続した事実状態を尊重し、占有者に権利を認めて保護する規定である。

たとえば、A が所有の意思を持って堂々と、暴力によらずに 20 年間 B の土地を占有しているのなら、B の土地は A のものになるということだ。

覚えなくてよいところにカッコ

また、「10 年間、所有の意思をもって、平穏に、かつ、公然と他人の物を占有した者は、その占有の開始のときに、善意であり、かつ、過失がなかったときは、その所有権を取得する」とも規定しており、つまりは善意無過失ならば 10 年で取得時効が認められるのである。

即反復のコツ

- 3分以内に終わらせる
- カッコの部分は即反復のときは見ない
- マルの部分を意識して覚える

知識に触れる機会を増やす工夫をする！

COLUMN②

文章をひたすら覚えた論文試験

私が「文章」を覚えるのに最も必死になったのは公認会計士試験の受験生だった頃でした。

公認会計士試験といえば「論文試験」がメインであり、そのせいで暗記ではなく論理的思考力や論述力が試される試験だと思われがちです。

しかしながら、実際には論文試験こそ暗記が大切なのです。テキストや模擬試験で出てきた文章情報を「そのまま、まるごと覚える」のが勉強の基本でした。文章をかたまりとして覚えて、本番ではその記憶に基づいて答案を構成していくのです。

もちろん思考力や論述力は大切ですが、そもそも文章をある程度のかたまりとして覚えていなければ、答案用紙を埋めるのは、はっきりいって無理。論文試験こそ、「大暗記大会」なのです。

そんな論文試験に合格するために、文章を読む段階からさまざまな工夫をしました。主語と述語を抜き取って骨組みから覚えたり、覚える対象にはならない箇所には思い切ってカッコをつけて読み飛ばしたり、工夫に工夫を重ねたのです。さらには「チャートで覚える」（詳しくは130ページで解説）という暗記法を編み出し、来る日も来る日も文章を徹底的に暗記しました。

文章を覚えやすいように「料理する」という意識を持ったのは、この論文試験のおかげです。目の前の情報をそのまま覚えようとしても頭に入らないのだから、情報の姿・形を変えてしまおう——このような発想になってから、暗記が格段にラクになりました。

あなたは文章が覚えられないとお悩みかもしれません。ぜひとも情報の姿・形を変えることで、文章暗記の達人になってほしいと思います。私にだってできたのだから、あなたにだって必ずできます。

第3章

頭のいい暗記は、情報の「整理」から始まる

Lesson 1

3行を「自分の言葉」で1行にして覚える

まずは「情報の整理」から

効率的に暗記するためには、情報の圧縮が大切である点は既に述べた通りです。

情報の圧縮は、「情報の整理」を通して行ないます。情報を「吟味」し、「料理」し、頭に入りやすい姿・形に整えていくのが情報の整理です。第3章では、この「情報の整理」について、より詳しく解説しましょう。

まずは、簡単な方法を1つご紹介します。

なかなか覚えにくい情報を、覚えやすい情報に変える技術であり、このテクニックがあれば、覚えにくい情報も一気に覚えることが可能です。

その情報を覚えやすくする暗記テクニックとは、**覚えたい情報を「自分の言葉」で言い換える方法です。**

「自分の言葉で」がコツ

覚えにくい原因はさまざまですが、その1つに、覚える情報が自分の言葉によるものではないことが挙げられます。他人の言葉・表現だからこそ、頭に入りにくいのです。

覚えにくい情報は、「自分の言葉」で言い換えて覚えてください。自分にとって、最も「しっくりくる言葉」に変換して暗記するのです。

具体例を挙げましょう。

EU各国の面積に関する情報で、「EU加盟国のなかで、最大の国土を持つ国はフランス（633187㎢）、続いてスペイン（505944㎢）、スウェーデン（438574㎢）などがあり、一方で最小の国はマルタ（315㎢）、次にルクセンブルク（2586㎢）などがある」というも

３行を自分の言葉で１行にして覚える

道路交通法１２条２項：

歩行者は、交差点において道路標識等により斜めに道路を横断することができることとされている場合を除き、斜めに道路を横断してはならない。

自分の言葉で、なるべく短く

原則として、斜め横断はダメ

「交差点において道路標識等により斜めに道路を横断することができることとされている場合を除き」を「原則として」と言い換えた

のがあるとします。

パッと見ただけでは覚えられない情報ですが、私であればこう覚えます。「EU加盟国で面積が一番大きいのはフランス、小さいのはマルタ」。

試験会場で正確に丸暗記したものを吐き出す必要があるなどの事情がない限り、自分に馴染みやすい表現にどんどん変換しましょう。私は「一番大きい・小さい」などに変換したのです。

自分の言葉にするときは、**なるべく短い表現にするとなお覚えやすくなります**。情報の形だけでなく、サイズにも配慮すべきなのです。

この覚え方は、文を正確に丸暗記する場面には適していません。文の細かな情報をそぎ落としてしまっているためです。文を正確に丸暗記したいのなら、第2章40ページで紹介した「主語＋述語」の方法で覚えてください。

すべての場面で有効な暗記法はありません。その場に合った暗記法を使いましょう。

「図表」だって同じ

自分の言葉に置き換える方法は、意外と応用できます。たとえば「図表」を覚えるときです。

先ほどのEU加盟国の面積が、表でずらっと並んでいるとします（次ページ参照）。ランダムに28の国々（2017年11月時点）の情報が掲載されています。

このような表を覚える場面でも、試験などの目的によっては、先ほどのようにフランスとマルタくらいを覚えていればよいことがあります。そのときは、自分自身の簡潔な表現に変換して覚えておけばよいのです。

なお、**ざっくりと覚えていればよい場面なのか、正確に一字一句を覚えるべきなのかは、試験の問題を解きながら確認**してください。問題集や過去問で面積を正確に問われたことがないのなら、今後も問われない可能性が高いと考えてよいため、「簡潔に覚えればよい」と判断できるのです。

肝心な情報を思い出せるように

肝心な情報を思い出せるように覚えなければいけないのは、何度も述べている通りです。

先ほどのEU加盟国に関する情報で、肝心なのは「フランス」や「マルタ」ですが、国名だけを覚えていても、「それが何なのか」を覚えていなければ意味がありません。

肝心な情報を正しく思い出すためには、フランス・マルタは、「EU加盟国のなかの面積」に関する情報として覚えたものであることを、瞬時に思い出せるようにしておくべきです。

これを可能にするために、肝心な情報が何についての情報なのか明確にしましょう。覚えるときに、「何についての情報か」を主語にもってくるのです。

つまり主語を「EU加盟国のなかの面積が〜」として、フランス・マルタの知識が何についての知識なのかが明確にわかるようにしておきます。

図表を自分の言葉で表す

例1 EU加盟国の面積

加盟国	首都	人口（人）	面積（km²）
ドイツ	ベルリン	82,175,684	357,376
オーストリア	ウィーン	8,690,076	83,879
ベルギー	ブリュッセル	11,311,117	30,528
ブルガリア	ソフィ	[illegible]	110,370
クロアチア	ザグレ	[illegible]	56,594
キプロス	ニコシ	[illegible]	9,251
デンマーク	コペンハー	[illegible]	42,924
スペイン	マドリー	[illegible]	505,944
エストニア	タリン	1,315,944	45,227
フィンランド	ヘルシンキ	5,487,308	338,440
フランス	パリ	66,759,950	**633,187**
ギリシャ	アテネ	10,783,748	131,957
ハンガリー	ブダペスト	9,830,485	93,01
アイルランド	ダブリン	4,724,720	68,79
イタリア	ローマ	60,665,551	302,07
ラトヴィア	リガ	1,968,957	64,573
リトアニア	ヴィリニュス	2,888,558	65,286
ルクセンブルク	ルクセンブルク	576,249	2,586
マルタ	ヴァレッタ	434,403	**315**
オランダ	アムステルダム	16,979,120	41,542
ポーランド	ワルシャワ	37,967,209	312,679
ポルトガル	リスボン	10,341,330	92,226
チェコ	プラハ	10,553,843	78,868
ルーマニア	ブカレスト	19,760,314	238,391
イギリス	ロンドン	65,382,556	248,528
スロヴァキア	ブラティスラヴァ	5,426,252	49,035
スロヴェニア	リュブリャナ	2,064,188	20,273
スウェーデン	ストックホルム	9,851,017	438,574

一番大きいところ、小さいところに注目する

自分の言葉にした例

ＥＵで面積が大きいのはフランス、小さいのはマルタ

※出典：EU公式ウェブサイトより作成（https://europa.eu/european-union/index_en）

例2 日本の総人口の推移（平成17～28年）

年次(平成)	総人口（単位：千人） 10月1日現在人口	純増減 増減数	純増減 増減率	自然増減	社会増減	日本人	外国人
17	127,768	-19	-0.01	9	-53	-103	50
18	127,901	133	0.10	1	1	-60	61
19	128,033	132	0.10	-2	4	-75	79
20	128,084	51	0.04	-35	-45	-110	65
21	128,032	-52	-0.04	-59	-124	-77	-47
22	128,057	26	0.02	-105	0	4	-4
23	127,834	-223	-0.17	-183	-79	-28	-51
24	127,593	-242	-0.19	-201	-79	-23	-56
25	127,414	-179	-0.14	-232	14	-23	37
26	127,237	-177	-0.14	-252	36	-23	60
27	127,095	-142	-0.11	-275	94	-1	95
28	126,933	-162	-0.13	-296	134	-2	136

いつから人口が減っているかに注目！

自分の言葉にした例

本格的な人口減少は平成23年から。自然増減は10年連続減少幅拡大

※出典：総務省統計局

Lesson 2
「共通項」を抜き出すトレーニング

「情報の整理」の基本は、やはり圧縮

情報の圧縮の重要性については既に触れていますが、ここでもう1つ、情報の圧縮方法をお伝えしましょう。それは、覚えたい各情報の共通項を抜き出し、情報を抽象化するテクニックです。

まずは会社法に関する次の情報があるとして、あなたなら、どう覚えるか考えてください。

①株券を発行している会社で株式を譲渡するときは、株券の交付が効力要件
②社債券を発行している会社の社債を譲渡するときは、社債券の交付が効力要件

これらを別々の情報として覚えるなら、覚える情報は「2つ」です。覚える対象は複数ありますから、覚えるのは簡単とはいえません。

一方で、これらの情報の**共通項を抜き出し、抽象化した知識として覚える**とどうでしょう。

「券を発行しているものを譲渡するなら、券の交付が必要」と覚えるのです。別々に覚えたら2つ覚えなければいけないものを、1つに圧縮できて、負担を軽くして覚えることができます。

この覚え方は、共通化できる情報が多ければ多いほど役に立つテクニックです。たとえば「新株予約権証券を発行している会社の新株予約権を譲渡するときは、新株予約権証券の交付が必要」なのですが、これも同様に「券があるなら、譲渡するときは券を交付する」と、共通項を抜き出して覚えることが可能です。こうすれば、なんと3つの知識を1つにして覚えられます。

情報を抽象化する

ヨーロッパの自動車のハンドルの位置

1. メルセデスベンツ（ドイツ）の車は左ハンドル
2. ボルボ（スウェーデン）の車は左ハンドル
3. アルファロメオ（イタリア）の車は左ハンドル
4. ジャガー（イギリス）の車は右ハンドル

共通項を抜き出す

抽象化	ヨーロッパの車は左ハンドル
例　外	イギリスの車は右ハンドル ※抽象化しきれないものは「例外」として覚える

抽象化しきれない情報も重要

複数の知識を1つに抽象化できれば、情報はこれまで以上に覚えやすくなります。

一方で、共通項がなく、抽象化しきれない情報だってあるでしょう。たとえば、「○○券を発行している会社の○○を譲渡するときは、券の交付は不要」という情報があった場合です。

このような**仲間はずれは、ピンポイントで覚えてください**。抽象化しきれない以上は、個別の知識として覚えるしかないのです。

また、このような仲間はずれ情報は、ピンポイントで覚えるのがむしろ得策です。

抽象化しきれないのは、ほかとは異なるものであることの何よりの証拠です。そして、試験対策なら、ほかとは異なる特色のある情報こそ出題されやすい傾向にあるため、ピンポイントでばっちりと覚えておくに越したことはないのです。抽象化した情報と、ある場合は例外をおさえましょう。

頭のなかでは常に「共通項」の検索

共通項を探すといっても、探しやすい場面とそうでない場面があります。

探しやすい場面は、参考書などで似ている情報がまとめられているケースです。似ている情報がまとめられているのですから、この場面で共通項を抜き出すのはさほど難しくありません。

これに対して探しにくいのは、図表などのように情報が明確にまとめられていない場面です。情報がまとめられていないのですから、自分でまとめられそうな情報を見つけて、共通項を抜き出す必要があるのです。

共通項を見つけるために、日々の勉強の場面で、**まとめられそうな情報を頭のなかで「常に」検索する**ことをおすすめします。

たとえば、「株券」について勉強したあとに、「社債券」について勉強するとします。この「社債券」の勉強をしているときに「株券」についての知識を思い出すのです。

難しいのは、株券と社債券のそれぞれの勉強の間隔があいてしまう場合です。

このような場合でも、共通項を上手に抜き出すことができるように、日々の勉強において、**頭のなかで「似た者同士検索」を常にする**必要があります。

目の前のテキストに書いてあることだけでなく、それ以外の情報と重ね合わせて覚えるべく、頭のなかで同じような情報がこれまで出てきていないか考えるのです。

つまり、社債券の勉強をしているときに「券といったら株だな」と気づく必要があるのです。

繰り返しますが、勉強している最中に、いま勉強している内容で、これまでの情報と似ているところがあったかな、という視点を常に持つことが大切です。

共通項を頭のなかで検索する

- 常に似た者同士を探す意識を持っておく
- 似た者同士を探すときは、いままで勉強したことと同じ単語に注目する

（上記であれば、いずれも書類の「保存期間」についての知識）

Lesson 3

情報を複数の視点で捉える技術

出題の多面性に注目する

情報は「料理」して覚えるべきです。「情報の料理」とは、情報のサイズや形をカスタマイズすることを意味します。

そして大切なのは、情報を料理する目的です。目的は、情報を覚えやすくするためだけではありません。それ以外にも目的があり、それがこの項目の本題なのです。

情報を料理するのは「いかなる出題にも耐えうるように」するためでもあります。ある知識を問うときに、その**問い方はいくつもある**ためです。

「道路交通法（道交法）」を例に説明しましょう。

そもそも道交法をはじめとする法律は、不特定多数の人に適用されるものであり、「抽象的な規定の仕方」をしています（あまりにも具体的に規定すると、不特定多数の人を対象とできません）。たとえば道交法第7条は、「信号機に従わなければならない」と大雑把に規定しています。

この条文の知識を問うとしたら、出題の仕方は1つではなく、少なくとも2通りあると気づいてください。「信号機には従わなければならない、正か誤か」と問われることもあれば、「歩いている○○君が交差点に出くわした。赤信号だが、進んでよいかどうか」と問われることもあるのです。前者が抽象的な内容を抽象的に（ストレートに）問うているのに対し、後者は抽象的な内容を具体例を通して問いかけてきています。

すると、覚えるときは条文の知識として覚えるだけでなく、具体的な事例で出題されても答えられるように覚えなければいけません。

出題パターンを意識して覚える

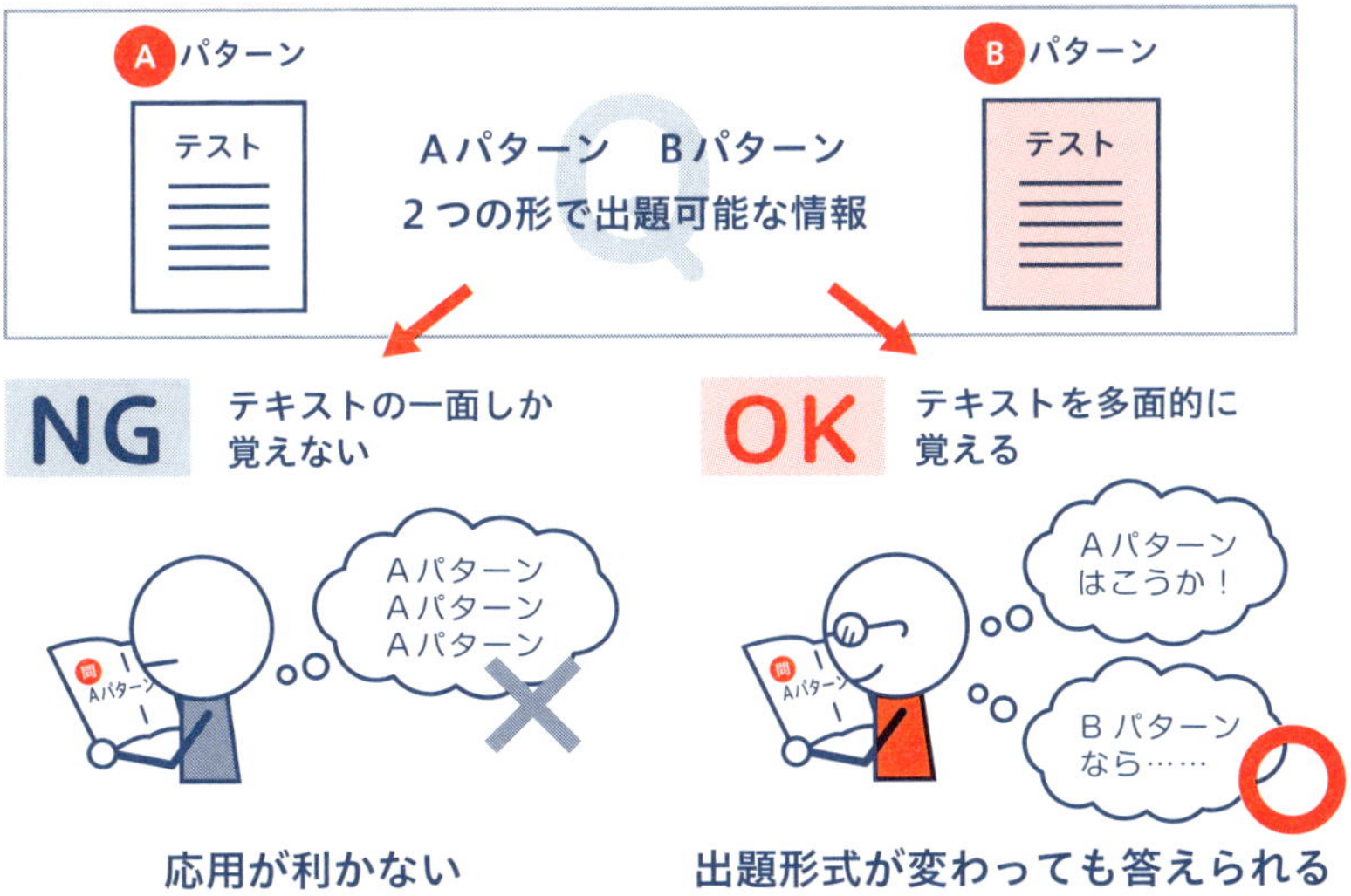
Aパターン
テスト
Bパターン
テスト
Aパターン　Bパターン
2つの形で出題可能な情報
NG
テキストの一面しか
覚えない
OK
テキストを多面的に
覚える
Aパターン
Aパターン
Aパターン
問
Aパターン
Aパターン
はこうか！
Bパターン
なら……
応用が利かない
出題形式が変わっても答えられる

「一面」しかおさえないから失点する

試験になかなか合格できない人は、「勉強したはずの箇所で間違える」というミスを繰り返します。それは、**教科書に書いてあるそのままの形で覚えているため、応用が利かない**からです。

このようなミスをしていないか確認するために、あなたが試験でどのような間違え方をしているか確認してください。

試験のあとに解答と解説を読み「本当はわかっていたことなのに間違えた」というミスが多ければ要注意です。テキストで勉強した表現や切り口のままだと正解できるけれども、少しひねられると答えられない残念な人になってしまっているかもしれません。

このような失点は、テキスト上に書かれている「一面」しか覚えていないから起こる現象であり、起こるべくして起こる失点。対策が必要です。対策すればきっと得点に結びつきます。

問題を解きながら多面性を考える

どのような表現・切り口で出題されてもいいように、教材に載っている表現・切り口だけでなく、同じ知識について、ほかの表現・切り口でも覚える努力をしましょう。

まずは、あなたが受ける**試験の問題を見て、出題パターンを確認します**。法律試験なら先ほど道交法の例で見た通り「抽象・具体」というパターンでした。

出題のパターンを見つけられたら、勉強する都度、「この知識が○○のパターンで出題されたら、△△と答える」と自分で覚える情報を増やしていきます。

例を出しましょう。

会計の試験であれば、ある知識について「計算・文章説明」という2つの出題パターンがあります。たとえば「株式会社が子会社株式を売却する」という事象において、電卓をたたいて数字を出す計算問題がある一方、会計処理の仕方を文章で説明させる問題もあるのです。とするならば、電卓をたたいて数字を出す勉強をしているときにも、「これが文章で説明するよう問われたら～」と考えながら勉強するのが有効です。

英語の勉強なら、「読解・英作文」という2つのパターンでの出題が考えられます。受験先によっては、読む能力だけでなく書く能力を試す出題も考えられるのです。

このような出題パターンに気づいたら、読解の勉強の最中でも、頭のなかで「ここの構文は、英作文で使えるな。たとえば～」と考えながら勉強すればいいとわかります。

意識してほしいのは、目の前にある情報だけが出題されるわけではないということ。普段から、さまざまな出題パターンを想定して勉強するべきなのは、このためです。テキストに載っていない表現・切り口にも対応できるようにしましょう。

自分が受ける試験の出題パターンを確認する

例 会計

問 株式会社が子会社株式を売却する

数字で答えさせる問題

文章で答えさせる問題

例 英語

問 so as to 構文

長文読解

英作文

例 漢字

問 薔薇

読み

ばら

書き

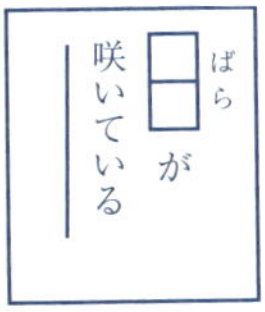

- 目の前にある情報の出題形式に注目する
- 異なった表現・切り口に対応できるように覚える

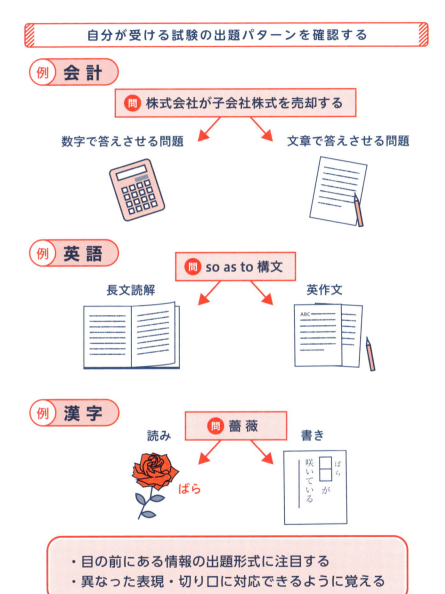

Lesson

4

「セルフ作問」で暗記する法

出題のポイントは変わる

繰り返しになりますが、入試や資格試験では、テキストにある表現・切り口のまま出題される保証などありません。だからこそ複数の出題パターンを見つけ、頭のなかで情報を変換するのが有効だとお伝えしました。

ここでは、これをさらに進めて、情報を**多角的に覚える技術**をお伝えします。この覚え方をマスターすれば、出題のポイントが普段の教材とは異なっても、答えることが可能になります。

1つの例を通して説明しましょう。

たとえば「関ヶ原の戦いが繰り広げられたのは慶長5年である」という情報がテキストに書かれているとします。この記述であれば、力点が置かれるのは「慶長5年」という部分であるはずで、「慶長5年」の部分を中心に覚えるのが普通でしょう。

そうであれば、「関ヶ原の戦いがあったのは慶長7年である。正か誤か」という問題であれば対応できますが、出題のポイントをほんの少し変えられただけで、対応できない人もいます。

極端にいうと「慶長5年にあった戦いは、何か」と問われて答えに窮する人がいるのです。

また、テキストに載っていたのは「関ヶ原の戦いは慶長5年」という情報だけですが、「関ヶ原の戦いで戦ったのは、誰と誰?」という出題だってあるでしょう。

答えは徳川家康と石田三成ですが、「関ヶ原の戦いは慶長5年」とだけ覚えていては、答えることはできないのです。

視点を変えて知識をふくらませる

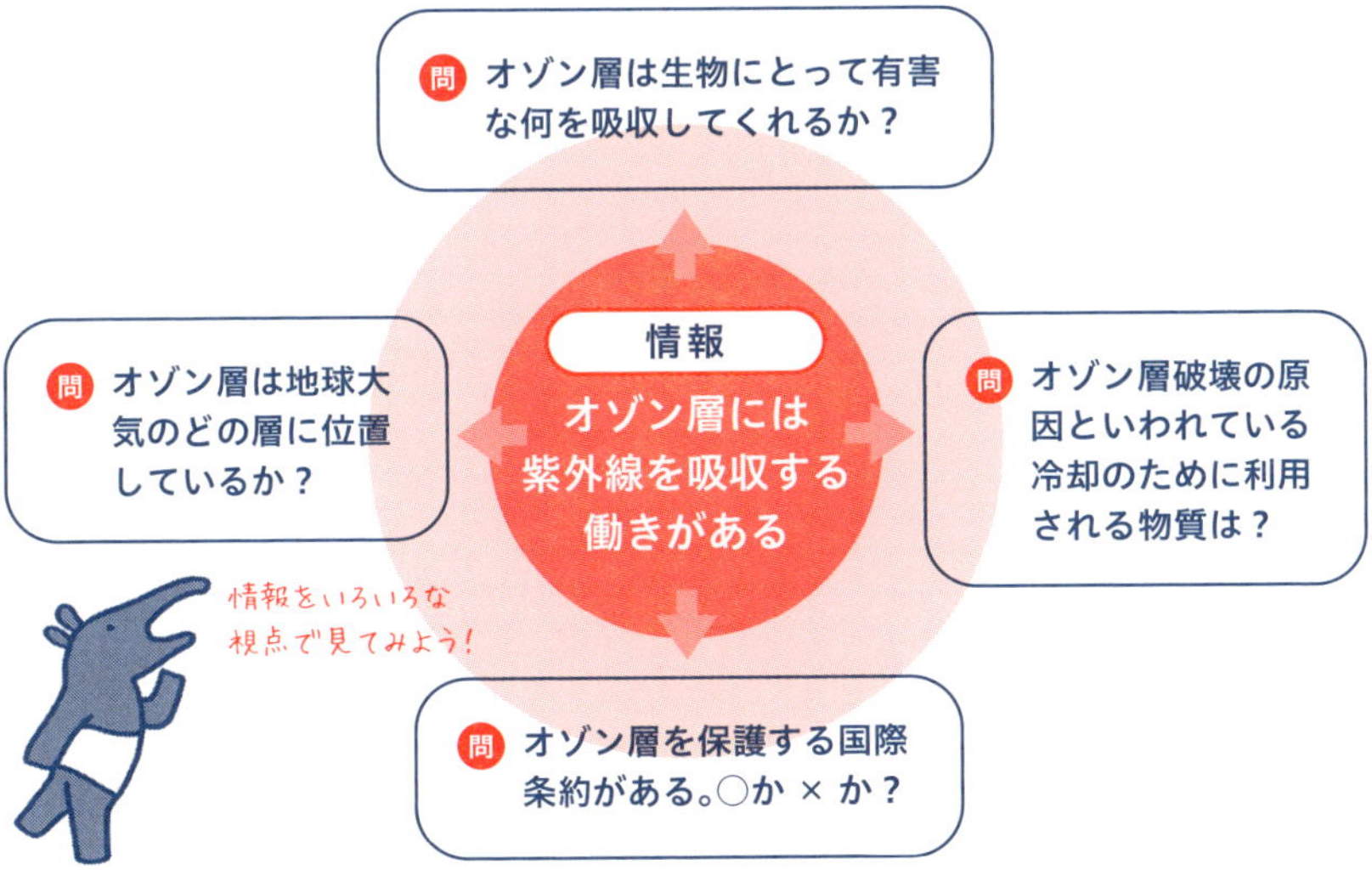
問 オゾン層は生物にとって有害な何を吸収してくれるか？
情報
オゾン層には紫外線を吸収する働きがある
問 オゾン層は地球大気のどの層に位置しているか？
問 オゾン層破壊の原因といわれている冷却のために利用される物質は？
情報をいろいろな視点で見てみよう！
問 オゾン層を保護する国際条約がある。○か×か？

1が1のままの人、1を5にする人

テキストに書いてある表現をそのまま覚えただけでは、知識に広がりがなく、出題の仕方を少し変えられただけで答えることは難しくなるでしょう。

どんな出題パターンでも答えることができるようにするためには、当然ですが**複数の表現・切り口で覚えることが大切**になるのです。

複数の表現・切り口を覚えるためには、それらが載っている複数の教材に取り組めば対応できます。しかしながら、複数の表現に触れるために複数の教材に取り組んでいたら、時間がいくらあっても足りません。

ここでは、**1つの知識からどんどん派生させ、切り口を変えられても答えることができるようにする**ことをおすすめします。1の知識を1のままにするのではなく、1の知識を3にも5にもする工夫をする。これが合理的です。

「セルフ作問」で守備範囲を広げる

ある知識に対して切り口を変えられても答えられるようにするためには**「セルフ作問」**が有効です。

テキストの情報に基づいて、自分自身で問題をつくります。先ほどの「関ヶ原の戦いは慶長5年」という箇所を勉強していたのなら、「関ヶ原の戦いは西暦だと何年？　誰と誰が戦ったの？　どっちが勝ったの？」というように、どんどん作問し、覚えるパターンを充実させます。

こうすることで、「関ヶ原の戦い」に関して、出題の表現や切り口を変えられても対応できるようになるのです。

よく問われる「形」を想定

そこで気になるのは、作問の仕方でしょう。

あなたが勉強している試験の種類・科目によって、作問の仕方は異なりますが、その根底で共通しているのは、前述した**「問題を通して出題パターンを見つける」**というスタンスです。

まずは過去問や練習問題を解き、「どのような形」がよく出ているのか確認してください。

先ほどの「関ヶ原の戦いは慶長5年」は日本史の知識ですが、日本史の問題を解いているうちに、「年号が問われる」「事件名が問われる」「事件名が出てきて、内容が問われる」「事件に関して登場人物が問われる」などと、わかってきます。

英語であれば「スペルが問われる」「発音が問われる」「短めの英作文を書かされる傾向にある」と、出題のパターンはだいたい決まってきます。

このようなパターンがわかったらしめたもの。今度はパターンを利用して、自分自身が取り組んでいる勉強にあてはめ、出題パターンに沿って作問しましょう。この作問に対する答えをおさえることで、1つの知識を多角的な知識へと進化させていくのです。

出題パターン例

科目	出題パターン
日本史	年号、事件名、人名、条約名など
英　語	スペル、発音、英作文、長文読解など
生　物	固有名詞の穴埋め、固有名詞の意味の説明など
法　律	要件、効果、事例における結論の説明など
税　法	計算、判例の説明など

ポイント

過去問・練習問題を解き、
問題の「形」を確認する！

問題の「形」に沿って
セルフ作問すると
知識が広がる！

Lesson 5

「理由」を覚えて「理由」から思い出す

思い出せる状態で覚えるのがコツ

ここで質問です。通勤や通学に毎日のように利用するのは「電車」ですが、逆からくる電車とすれ違わないで済む窓側席は、進行方向に向かって左側でしょうか、それとも右側でしょうか？

電車を毎日のように利用する人にとっては簡単な質問だったかもしれません。答えは「左の窓側席」です（例外はありますが）。

では、電車をあまり利用されない方で、「すれ違わないのは左側」と、とっさに出てこなかったものの、正解を導けた方は、どのように思い出したのでしょう？

電車の運行の仕方には、ほとんどの場面で通じる法則があります。そして、その法則から、正解を導くことが可能になります。

「車と同じ左側通行」の法則

電車の運行に関する法則とは、「左側通行」というルールです。あなたが普段利用している電車も、左側通行で運行されていませんか？

電車の運行は、車と同じなのです。

電車に乗るときに「逆から進んでくる電車とすれ違わないのは右の窓側席？　それとも左の窓側席？」と問われ、電車は左側通行という運行ルールから答えを導けた方もいるはず。「電車の運行の仕方はたしか車と同じ。車は左側通行だから……」と考えたあなたのことです。

これが示すことは、その情報自体を忘れてしまっても、**その情報を導くための「理由」や「背景」から、肝心な情報を思い出すことが可能**であるということです。

背景を知っていれば答えられる

左側通行のルールを知っていれば
左右どちら側の席が電車とすれ違わないかわかる！

理由とセットで覚える

情報を覚えようとするときは、**理由・背景とセットで覚えるべき**です。

「○○は□□だ。なぜなら～」という情報がある場合に、「○○は□□だ」という部分以外にも、「なぜなら～」以下の情報をセットで覚えたらよいのです。

そうすることで、思い出すのが容易になります。試験で問われるのが「○○は□□だ」という部分だけであっても、それをド忘れしてしまうことがあるでしょう。

こんなとき、「ヒント」があれば思い出せます。なぜなら以下の理由を覚えていれば、その理由から逆算して肝心な情報を思い出せることがあり、いざというときに助かる可能性があるのです。

また、理由の知識それ自体が問われることだってあるでしょう。理由をセットで覚えれば、それ自体が得点に結びつくことがあるのです。

理由とセットで覚えるときのコツ

肝心な情報を理由とセットで覚えるときは、**思い出すためのトレーニングをあわせて行なう**と効果的です。

理由とセットで覚えた肝心な情報「○○は□□だ」という文を読み、そこから「なぜなら以下」を思い出します。

それから、「なぜなら以下」を読み、そこから「○○は□□だ」という、肝心な情報を思い出します。

頭のなかで**「肝心な情報→その理由」**という思考をしたあとに**「理由→肝心な情報」**という思考もあわせてすることで、きっかけになった情報からほかの情報を思い出すことが容易になります。これが思い出すトレーニングです。

さらに、このトレーニングをしやすくする工夫があります。

テキストはマーカー2色分け

テキストの覚えたい肝心な情報とその理由に、それぞれ別の色でしるしをつけます。たとえば**覚えたい肝心な情報は、ピンク色のマーカー、その理由の部分は青色のマーカー**で色分けをします。

そしてひと通り勉強したあとに、色分けしたそのテキストをパラパラめくります。

まずはピンクマーカーだけを見て、その理由を思い出していきます。自分を納得させるように理由を説明してみましょう。

次に青マーカーの部分を読み、その青マーカーから導かれる肝心な情報を思い出していきます。

1日の勉強の最後にまとめて行なったり、ある単元の勉強が終わったときにまとめて行なったり、定期的にトレーニングしましょう。このように勉強しているうちに、記憶が強化されます。

理由をセットで覚える

肝心な情報
監査役の任期は
取締役の任期の倍の約４年（会社法）

は、

理由
監査役は取締役等を監視する立場であって、その性質上、地位の「独立性」が重要になるため、取締役の任期のおよそ倍が監査役の任期となる。

だから

肝心な情報
子会社株式は時価評価しない（簿記）

は、

理由
親会社が子会社の株式を保有するのは、売却して利益を出すためではなく、子会社に対して支配を及ぼすことが目的。子会社の株価が変動しようとも、親会社としては売却する意図はないのだから、子会社の現在の株価は問題にならない。

だから

情報と理由を２色で塗り分ける
肝心な情報がなかなか覚えられないときに、理由とセットで覚える！
「肝心な情報➡理由」と「理由➡肝心な情報」の思考を定期的に行なう

復習するときは、
マーカー部分だけチェックすればＯＫ！

Lesson 6

「常時比較」で記憶を焼きつける

違いがわかったときが記憶のチャンス

話は変わるようですが、単なる「認識」が「知識」、つまり、頭のなかから自由自在にひっぱり出せる状態になるのは、どのようなときでしょうか？

「エスカレーターの立ち位置」を例にとって考えましょう。ご承知の通り、エスカレーターを利用する際に、東日本では左側に立ち、西日本では右側に立つという不文律があります。

エスカレーターの立ち位置は、いつでも思い出すことが可能で、既に「知識」になっていることでしょう。「あなたが住んでいる地域では、エスカレーターはどちら側に立ちますか？」と問われて、「東京（東日本）だから左」と即答できたのが何よりの証拠です。

ここで考えてほしいのは、「知識」として定着したタイミングです。定着したのは、おそらく「大阪（西日本）では、右側に立つ」とわかったときではないでしょうか。**比較を通してほかとの違いがわかったときに、記憶が一気に強化され、立派な「知識」になる**わけです。

これは勉強にも通じます。東洋史を覚える際、西洋史と比べることで理解が促され、暗記に役立つことがあるでしょう。これは、違いがわかることで、情報にインパクトが与えられるからです。

知識を習得したいのであれば**「比較」**しながら学べばいいと気づいてください。

目の前にあることだけに集中するのではなく、似た事柄との対比を通して、認識を知識に変化させましょう。

比較すると記憶は定着する

頭のなかで「比較」するクセをつける

比較することで記憶が強化されるのなら、この特性を使わない手はありません。勉強しながら、情報と情報を**「常に比較する」**のです。

いま勉強している事柄に、以前に勉強した内容と、似た情報がなかったか思い出してください。思いつくものと常に比べながら勉強するのです。

たとえば歴史の勉強のなかで「フランス革命」に取り掛かっているとき、イギリスの革命である「ピューリタン革命」はどのような革命であったのか、思い出してみましょう。

法律の勉強であれば、商法の「時効制度」を勉強しているときに、民法の「時効制度」を復習します。

このように、似ているものを頭の片隅に置いて勉強するのです。そうすれば、違いが見えて覚えやすくなります。

同じなら「同じ」と覚えるのもコツ

比較することで、それぞれの情報の違いが見えてきたら、その違いを軸にして覚えていきます。

出題者の心理を考えたら、**ほかと違う箇所こそが、出題したくなる箇所**だからです。

それに対して、比較しているときに、「同じだ」と気づくこともあります。

会社法で、役員の任期を勉強している場面だとします。

取締役の任期は「およそ2年」であり、会計参与という役員の任期も同様に「およそ2年」です。通常は会計参与のほうをあとから勉強しますから、会計参与の任期は、取締役のそれと比較することが可能になります。比較して「取締役の任期と同じだ」と気がつくわけです。

同じであれば、「同じだ」と覚えましょう。**同じであれば同じだと覚える**ことで覚える量が減り、複数の知識をラクに覚えられるからです。

比較するときに復習する

比較するときは、**比較する箇所の教材に戻って簡単にでもいいので復習してください**。

対比しているなかで以前の教材に戻ることは、非常に効果があります。それは、対比することで頭が働くからです。

頭を動かして「あれは○○だったはず」と予測して、教材に戻れば、自分の予測に対する答えが載っているのですから、印象に残ります。

教材に戻って確認することまでしたら、どうせならその周辺の内容も確認しましょう。

知識に触れる回数を増やせば増やすだけ、記憶は強化されて覚えられるようになります。せっかく以前の勉強に関する教材にまで戻ったのですから、周辺内容まで拾うようにするのです。

自然と復習する機会が増えて、記憶を強化することができるので、ぜひ、試してみてください。

対比させて覚えるプロセス

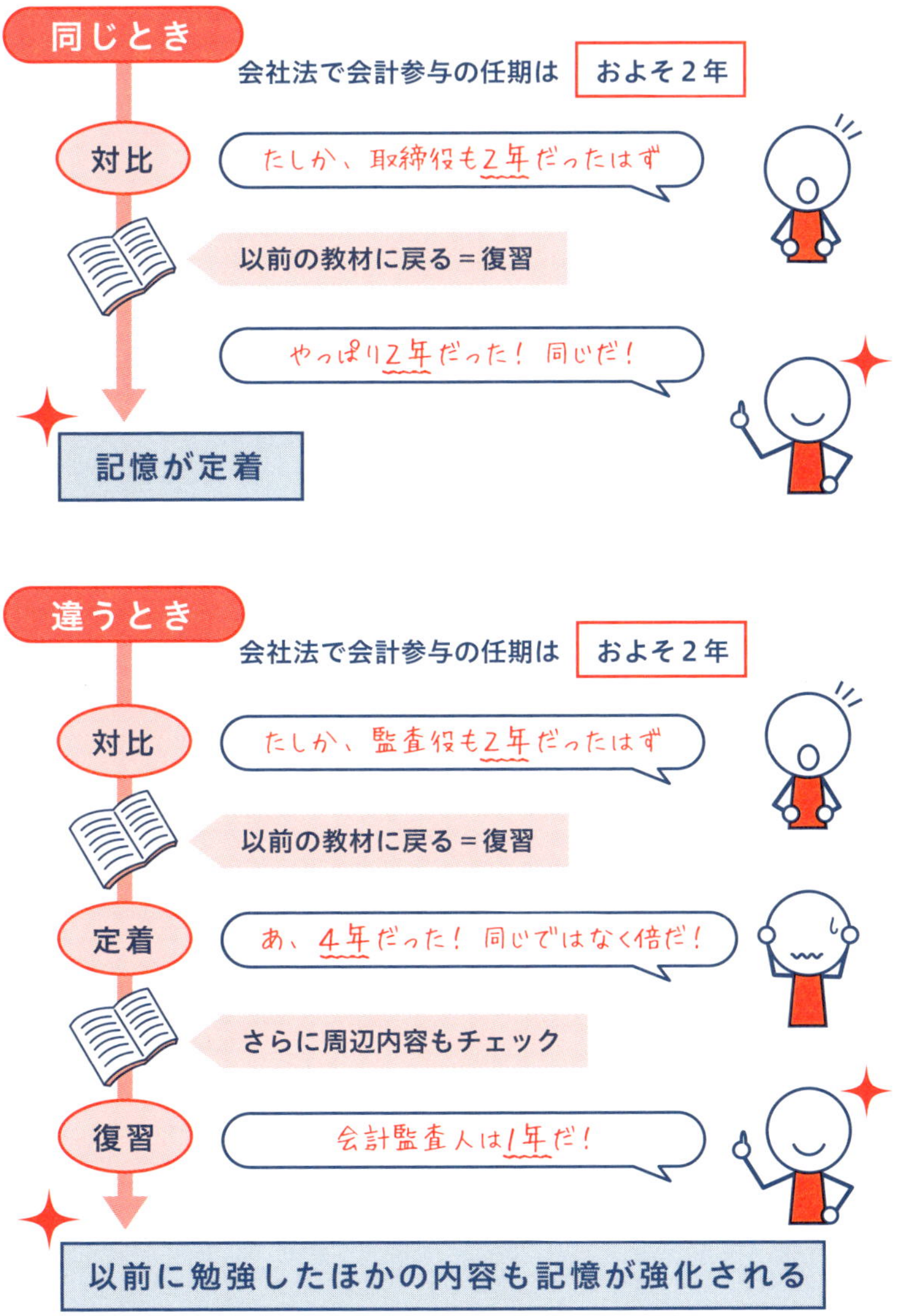

Lesson 7

「制約ありセルフレクチャー」で知識を整理

納得して覚える。それが鉄則

当たり前ですが、「工夫のない丸暗記」では、一度覚えたと思っても、すぐに忘れてしまいます。情報が頭に入りにくい形のままであったり、孤立している状態であったりするためです。

これまた当然の話ですが、納得した上で覚えれば、記憶は残りやすいものです。情報が「理屈」や「背景」に支えられて、頭に刻み込まれるためです。

だったら、覚えたい情報は納得して覚えるべきという論が成り立つはずです。

私はこれまでも、そしてこれからも、納得して覚えるために、**自分で自分に説明しながら覚える方法**を強くおすすめします。

不思議なもので、説明しているうちに、忘れにくくなります。

私は資格スクールの講師として、これまでたくさんの方々に対して受験指導をしてきました。

資格スクールでは、受験生の頃に自分が勉強してきたことを生徒に説明するのが仕事。もちろん既に知っていることばかりですが、講義はしっかり予習して臨みます。講義の予習は、自分が覚えようとするのではなく、受講生にわかってもらうための「説明」がメインです。

不思議なのは、説明することを軸に講義の準備をしていると、自分が受験生の頃に何度勉強しても覚えられなかった箇所であっても、頭にすんなり入ります。説明することが理解・納得につながり、記憶の強化に役立つのです。もっと早くこの覚え方をすればよかったと思ったほどです。

声に出して説明する

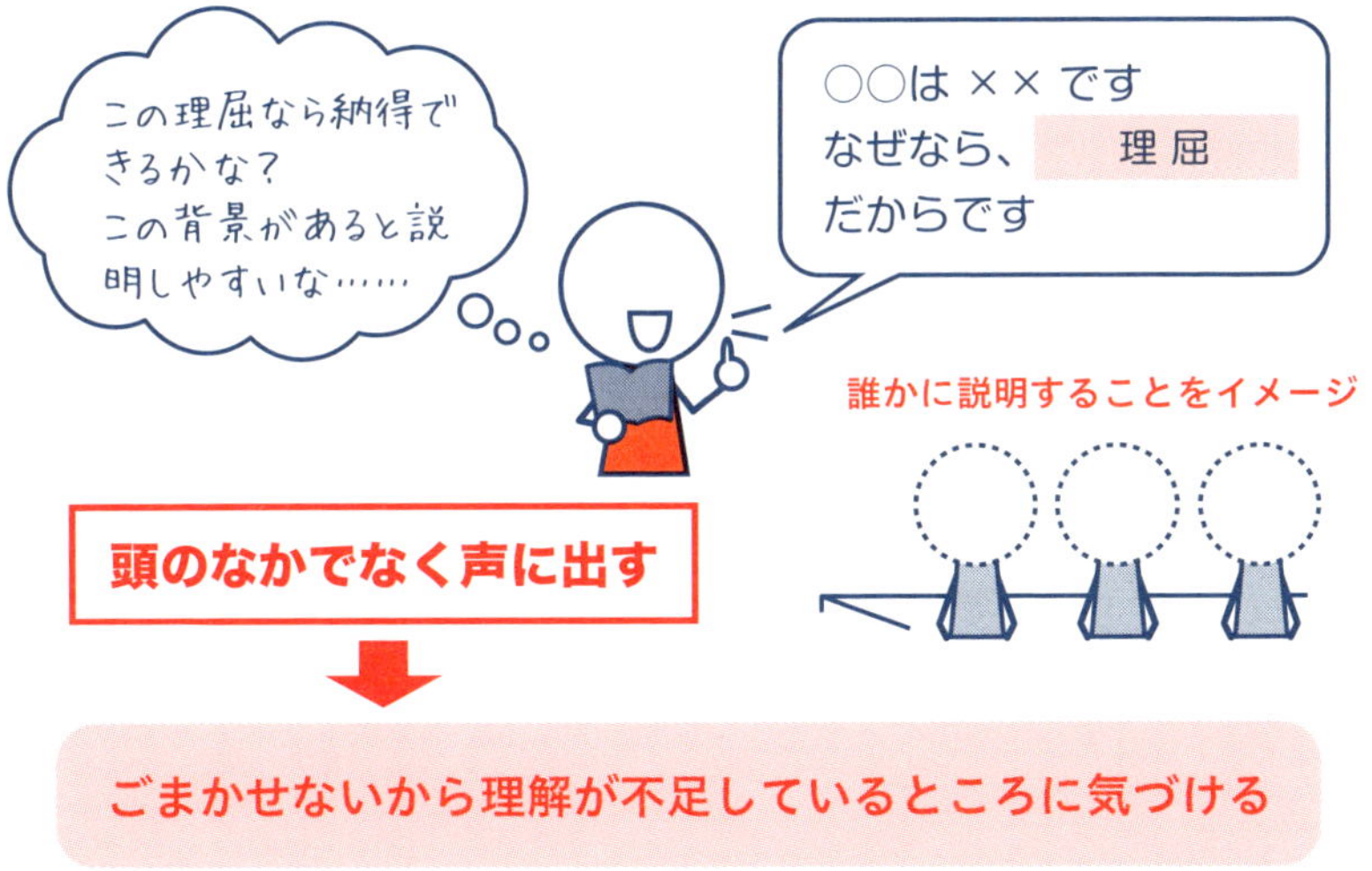

コツは「しゃべる」こと

暗記のためにも、説明することは有効です。もちろん最も望ましいのは、受講生のように自分の説明を真剣に聴いてくださる方に向けて説明することです。

しかし、教える相手がいないという方が多いでしょう。だったら自分で自分に説明しましょう。自分に対してうまく説明できるか、試しながら勉強するのです。

コツは、とにかく**しゃべること**。実際に声に出して説明してほしいのです。

声に出さずに頭のなかで説明するだけなら、自分に都合よく、説明しきれない部分を端折《はしょ》ることができてしまいます。声に出すことで端折ることができなくなり、つまずいている箇所が明確になります。

今度はそのつまずいた箇所を穴埋めするように勉強すれば、記憶はどんどん強化されます。

「制約」を用意する

自分で自分に説明しながら覚える方法は、「制約」があれば、もっと効果的な暗記法になります。

おすすめの制約は、なんといっても**時間制限**です。多少長くなる説明をしたいときに、時間制限を設けます。「ここは3分で説明する！」「ここは5分で説明する！」と決めることで、自然と集中し、説明の質が高くなっていきます。当然、理解が促され、暗記にも役立つのです。

次に、**「中学生でもわかる表現しか使わない」**という制約が有効なこともあります。

特に資格試験などのように、大人が受験する試験になると、どうしても抽象的な言葉が多くなる傾向にあります。けれども自分を納得させるために説明しているのですから、平易な言葉での説明を心がけます。平易な内容のほうが頭に入りやすくなるためです。

制約の応用といえば、説明する際に「根拠を2つ出す」とする**マイルールを課す**こともトレーニングになります。

マイルールは**「具体例は2つ挙げる」**というルールも有効でしょう。たとえば法律の勉強なら、条文の内容を自分で自分に説明するときに事例を2つ考えるのです。

制約としてマイルールを用意することは、解答力アップにもつながります。

試験本番では「○○を□文字以内で説明せよ」とか「○○の根拠を3つ述べよ」と問われることがあります。解答の仕方には制約があることが多いのですから、普段の勉強からマイルールという形の制約を設けて勉強することは非常に有効なのです。

どんどん制約を増やし、説明のハードルを上げていきましょう。ハードルを上げれば上げるほど、説明がうまくなっていくのです。

マイルールを課す

暗記の対象

民法724条：不法行為による損害賠償の請求権は、被害者又はその法定代理人が損害及び加害者を知った時から三年間行使しないときは、時効によって消滅する。不法行為の時から二十年を経過したときも、同様とする。

1 時間制限を設ける

マイルール
○分で説明する

- 集中力アップ
- 無駄な説明はカット
- しっかり覚えていないとできないため理解不足に気づく

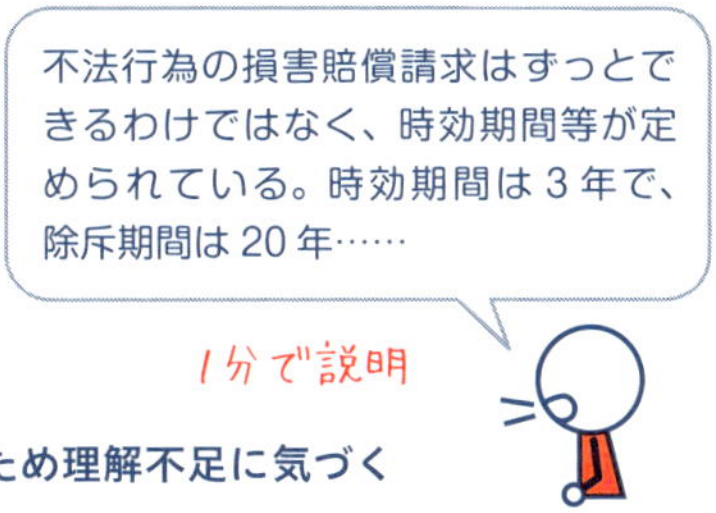
不法行為の損害賠償請求はずっとできるわけではなく、時効期間等が定められている。時効期間は3年で、除斥期間は20年……
1分で説明

2 中学生でもわかる表現しか使わない

マイルール
平易な言葉だけで説明する

- 抽象的な言葉でごまかさなくなる
- 頭に入りやすい
- 自分の言葉で説明できるようになる

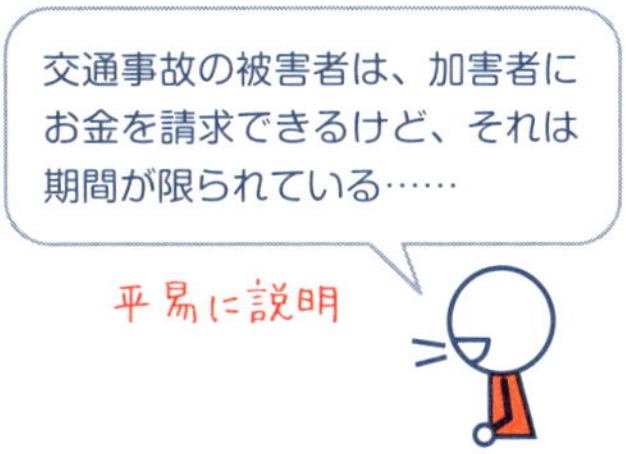
交通事故の被害者は、加害者にお金を請求できるけど、それは期間が限られている……
平易に説明

3 具体例を挙げる

マイルール
○つ具体例を挙げる

- 試験で具体例を求められた際に答えられるようになる

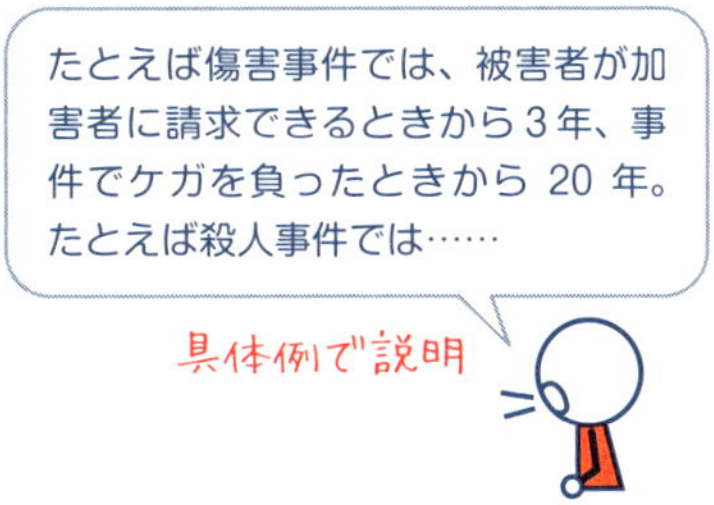
たとえば傷害事件では、被害者が加害者に請求できるときから3年、事件でケガを負ったときから20年。たとえば殺人事件では……
具体例で説明

COLUMN③

暗記法は臨機応変に使い分ける

本章75ページで、「情報は理由とセットで覚える」と述べました。理由とセットで覚えれば、肝心な情報をド忘れしても、理由のほうから肝心の情報を思い出すことができる場合があるためです。

一方で、第2章の44ページでは、「理由や物事の背景」に関する情報は、カッコをつけて読み飛ばす（覚えない）と述べました。

これらは、矛盾しているように思うかもしれません。

しかしながら、決して矛盾してはいません。暗記法を、その場その場で使い分けてほしいのです。理由を覚えておけば得する場面なのか、それともただの時間の浪費になってしまう場面なのかを見極め、前者なら覚える、後者ならカッコをつけて読み飛ばす、このような対応が必要です。

たとえば、どのように出題されても答えられるくらい、しっかり覚えている情報があるとします。これについてテキストで解説されていたとしても、時間をかけて理由やその背景まで読み込む必要はありません。カッコで読み飛ばすべきです。

反対に、問題を何回も解いているのに、いつも間違えてしまう知識があるとします。これは早急に手当てが必要で、いつでも確実に思い出せる強固な知識とするべく、その理由や背景までセットで覚えるようにするのです。

本書で紹介している暗記法は、すべてのケースで使えるとは限りません。それぞれの場面でふさわしい暗記法は何かを見極められるように、日々訓練することが大事です。

訓練といっても難しいことはありません。日々の勉強で、本書で説明している暗記法を１つずつあてはめているうちに、臨機応変に使い分けができるようになります。頑張りましょう！

第4章

繰り返すことをいとわない、これが頭のいい暗記法！

Lesson 1

復習の際に「周辺」を見て反復学習

情報に触れる回数を増やす

情報に触れる回数が増えれば記憶が強化され、忘れないようになるのは当然のこと。

問題は、情報に触れる回数をどのように増やすかです。単純に勉強時間を増やせば、回数を増やすことはできます。しかし人海戦術ならぬ「時海戦術」は、採用できない環境の方もいるでしょうし、何より1日は24時間しかないのですから、「時海戦術」には限界があるのです。

また、情報に触れる回数を増やすというと、おっくうに感じるものです。目の前にある教材だけでも大変なのに、既に勉強したことを二度、三度と復習することは負担に感じるでしょう。

大切なのは、**時間を節約しながら、触れる頻度を増やす**ということです。

目に触れさせるだけでもいい

本章では、効率的な「繰り返すコツ」について解説していきます。

そのために、ここで発想を変えましょう。「繰り返す」というと、既に解いたことがある問題を解き直したり、一読したテキストを初めに戻って熟読し直すことだと思うから負担に感じるのです。**とにかく目に触れさせるだけでいい！**　このように捉え直すのです。

情報が目に触れるだけでも、それが何度も繰り返されると自然に覚えてしまいます。通勤・通学途中にあるパン屋さんや蕎麦屋さんの名前を覚えたりするのは、たとえ強く意識しなくても、何度も看板を見かけることがあるためです。目に触れるだけでいいのです。

気になる情報だけのチェックで終わらせない

復習のときは絶好のチャンス

目に触れる回数を増やすために、復習のときにしてほしい工夫があります。それは、気になる情報を探すときに、それを見つけておしまいにするのではなく、**「周辺」まで目線を移す**ということ。

勉強しているとき、気になる情報があるとします。「あれっ、前に勉強した豊臣秀吉の海賊取締令は1588年だったよな」と思うことがあるはずです。このとき「海賊取締令」が載っている教材を確認し、「同じ年に刀狩令も布告したんだな」などと知識を補充するのです。

知識を補充する際は、お目当ての情報だけで満足してはいけません。教材には、お目当ての情報以外の周辺情報も載っていることでしょう。この「周辺情報」も目に触れさせるべきです。**コツは、さっと目線を移し、簡単に目に触れさせる**に留めることです。周辺情報の勉強に時間をとられては、「時海戦術」と同じになってしまいます。

「電子グッズ」をおすすめしない理由

時代が進むにつれて、勉強に役立つ「電子グッズ」が増えてきています。私が高校生だった2000年前後では、電子辞書がその代表格でした。最近の電子グッズといえば、スマートフォンの右に出るものはないでしょう。調べものは「グーグル先生」に聞けばわかるし、勉強アプリだって優れものがたくさんあります。

けれども、電子辞書やスマートフォンなどの電子グッズは、「周辺情報まで目に触れさせる」という観点からは、はっきりいっておすすめできません。

電子グッズは、探したい情報にピンポイントでたどり着けます。このような機能があるからこそ利用価値があるのでしょうが、ほかの周辺情報が表示されることは少なく、周辺情報を目に触れさせることが難しくなるのです。つまり、反復学習に向いていません。

慣れてきたら「予測＋答え合わせ」

周辺情報に目線を移すためには、「紙媒体」のほうが優れています。「紙媒体」を使って、次のように勉強すればさらに効果的です。

まずは調べたい肝心な情報を探します。

それが見つかったら**「そのページ（あるいは隣のページ）」に何が書いてあるかを「予測」**します。

予測ができたら、それが書いてあるであろう箇所に目線を移し、**答え合わせ**をします。書いてあったことが、自分の予測と合っていたかどうかを、ここで確かめるのです。

勉強するときは、頭を働かせる「能動的な姿勢」で取り組むことが極めて有効です。復習のときも同じで、慣れてきたら情報を拾い読みするだけでなく、頭を働かせて情報をキャッチしたほうがよいのです。

予測＋答え合わせ

① 調べたい情報が出てくる

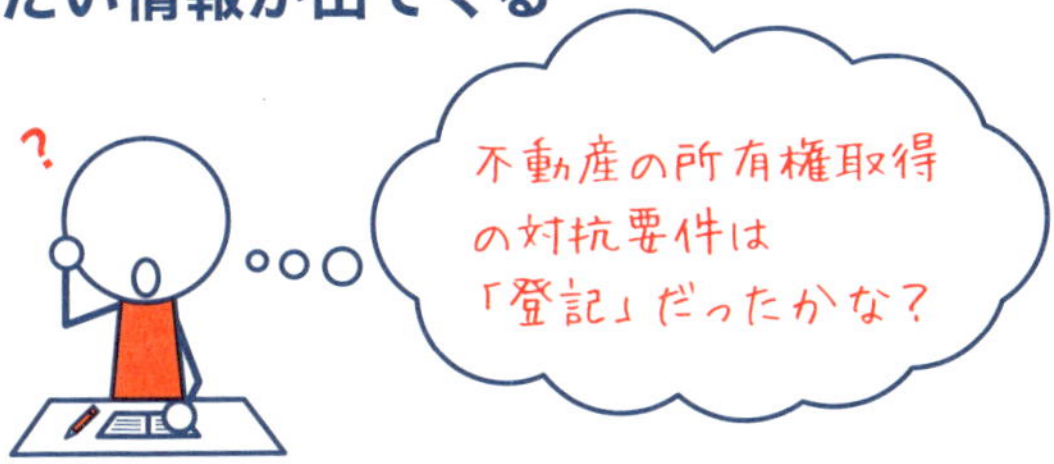
?
不動産の所有権取得
の対抗要件は
「登記」だったかな？

② 調べたい情報が見つかったら、同じページまたは隣のページに書いてあることを予測する

民法177条
?
調べたかった情報

予測
不動産の対抗要件は民法 177 条だから、隣のページには 178 条の「動産の対抗要件は引渡し」というのが載っているのでは？

③ 答え合わせをする

民法177条
178条
予測した内容
調べたかった情報

これにより、
178 条の「動産の対抗要件」
についての復習にもなる！

能動的に頭を働かせるこの復習方法は、記憶が定着しやすく、効率もいい！

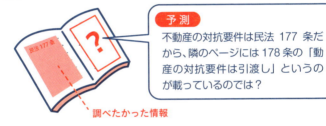

Lesson 2

脳内ですぐに反復する法

復習は間隔をあけてするもの？

「復習は、間隔をあけてするもの」という認識はないでしょうか。いま勉強したことを復習するのは、たとえば1週間後、2週間後というように、間隔をあけて行なうのが一般的であり、それが復習だと思っている方もいるでしょう。

しかし、**復習の目的は情報に触れる回数を増やし、あやふやな記憶を強化すること**にあります。これを逆手に取ると、情報にアクセスする回数を増やす行為であれば、それは立派な「復習」ですから、日々の勉強に取り入れていくべきでしょう。そこで、私からの提案です。

情報へのアクセス頻度を高めるべく、52ページで述べた「即反復」をおすすめします。いま勉強したことの復習を「いますぐ」するのです。

「即反復」のススメ

「即反復」の仕方は難しくありません。

まずは、**覚えたい情報を聴いたら（あるいは読んだら）、脳内で反すう**しましょう。頭のなかでキーとなる単語をエコーのように2回か3回、つぶやくのです。

たとえば、民法の「時効制度」を勉強していて「善意無過失なら10年で時効が成立」という説明を聴いたら、聴いているそばから「善意無過失10年、善意無過失10年、善意無過失10年……」と頭のなかで何度か繰り返し唱えてください。

コツは、反すうする情報を単語レベル（あるいはそれに近い表現）にまで圧縮することです。

これなら「ちょっとしたスキマ時間」に反すうできます。たとえば、あなたが本を読んで勉強し

単語を即反復する方法

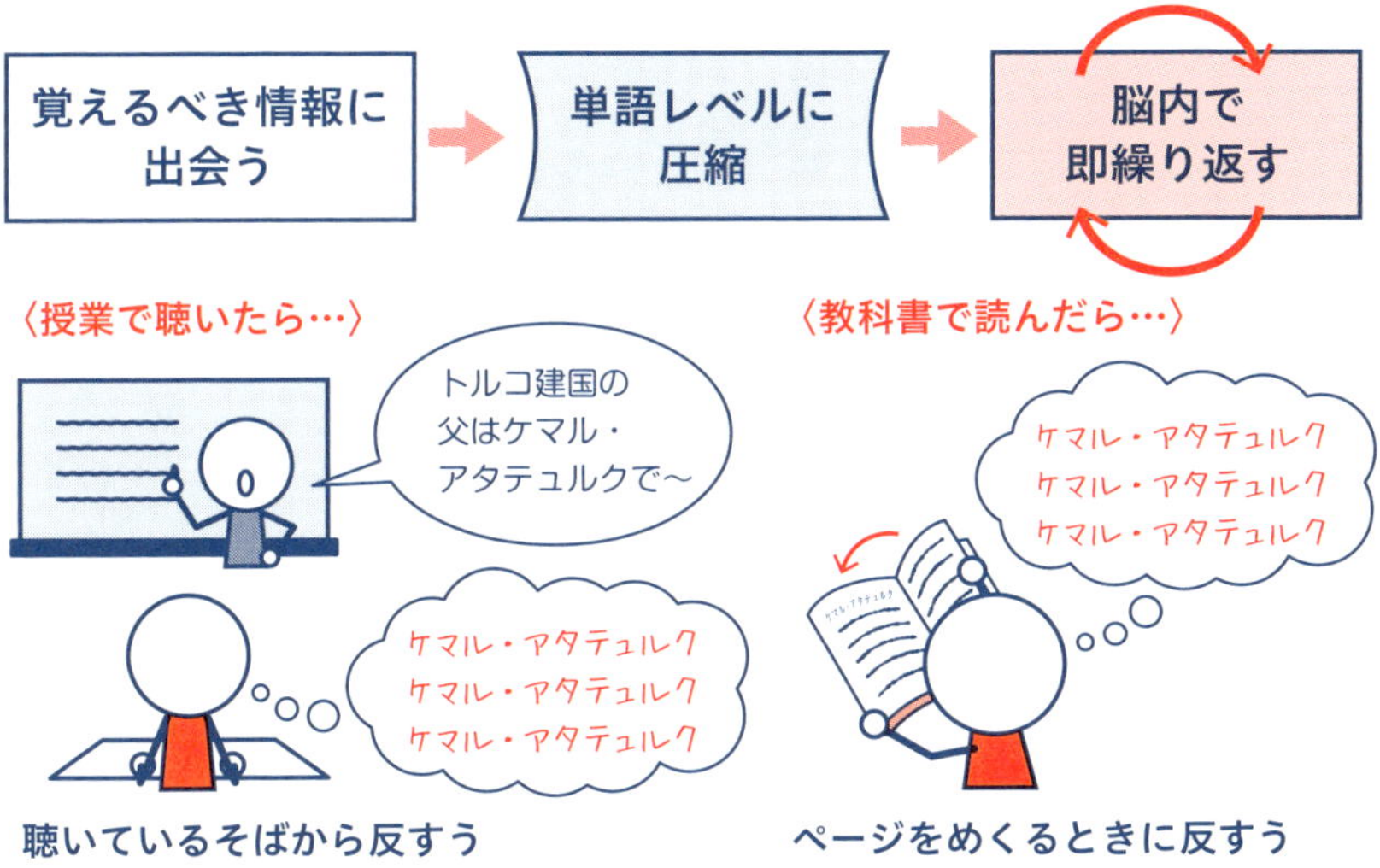

ているのなら、見出しがあって話の内容が変わる瞬間に、時間的な間隔があると気づいてください。この瞬間を頭の休憩時間として過ごすのではなくて、復習時間にしてしまうのです。

ページをめくる時間も同様です。ページをめくるときに数秒の時間があるのですから、この時間を無駄にしてはいけません。数秒あれば、いままで読んでいたページのキーとなる単語を2回か3回は反すうできてしまいます。

結局のところ、このように**頭が働いている時間こそが「勉強」であり、あなたの知識が強化される充実した時間**となります。

常日頃から「能動的な姿勢」で勉強してほしいのです。

なお、慣れないうちは1つの単語を繰り返し反すうするだけでもいいです。とにかく情報に触れる回数を増やして、覚えやすい状態にするのがここでの目的なのです。

即反復のコツ

「即反復」は、反すう以外にも応用できます。

いま勉強したことを、反すうするだけでなく、頭のなかで**「即説明」**してみましょう。説明しているうちに頭のなかで知識が整理され、覚えやすくなります。

ただし「説明」といっても、あくまでちょっとしたスキマ時間を活用した勉強ですから、簡単な説明しかできません。

そんな状況でも説明できるようにするために、**あらかじめ「説明パターン」を決めておく**とよいでしょう。おすすめなのは、「単語の意味を説明する」とあらかじめ決めることです。「海賊取締令」という単語を思い浮かべて「海賊取締令とは、□□のこと」と説明するのです。

これなら短時間でできるだけでなく、単語それ自体だけを反すうするよりも効果的な勉強になります。

「即見直す」も有効な勉強方法

いま見聞きした情報をすぐに反すうしたり、説明したりするよりも、さらに簡単な「即反復」の方法もあります。それは**「即見直す」**です。**ページをめくって次のページに目線を移す前に、いま読んでいたページの重要箇所をすぐに見直す**のです。

重要箇所をすぐに見直すためには、事前準備が大切です。重要だと思われる箇所には、マーカーなどでしるしをつけます。しかし、どこが重要なのかは科目や目標とする試験等によって異なるでしょう。

このことから、大切な箇所を探すことそれ自体が、効果のある勉強法でもあります。大切な箇所を探しているうちに、自然と頭を働かせることになります。すると、すぐに見直す対象に選定する箇所はどこなのかを考えながら勉強することになり、「能動的な姿勢」になるのです。

「即説明」と「即見直す」

即説明 …「即反復」の進化形で知識を整理することができる

説明のパターンを決めておく

例 ・単語の意味を説明する
・どの人物と関係しているかを指摘する　など

即見直す …情報に触れる回数を簡単に増やせる

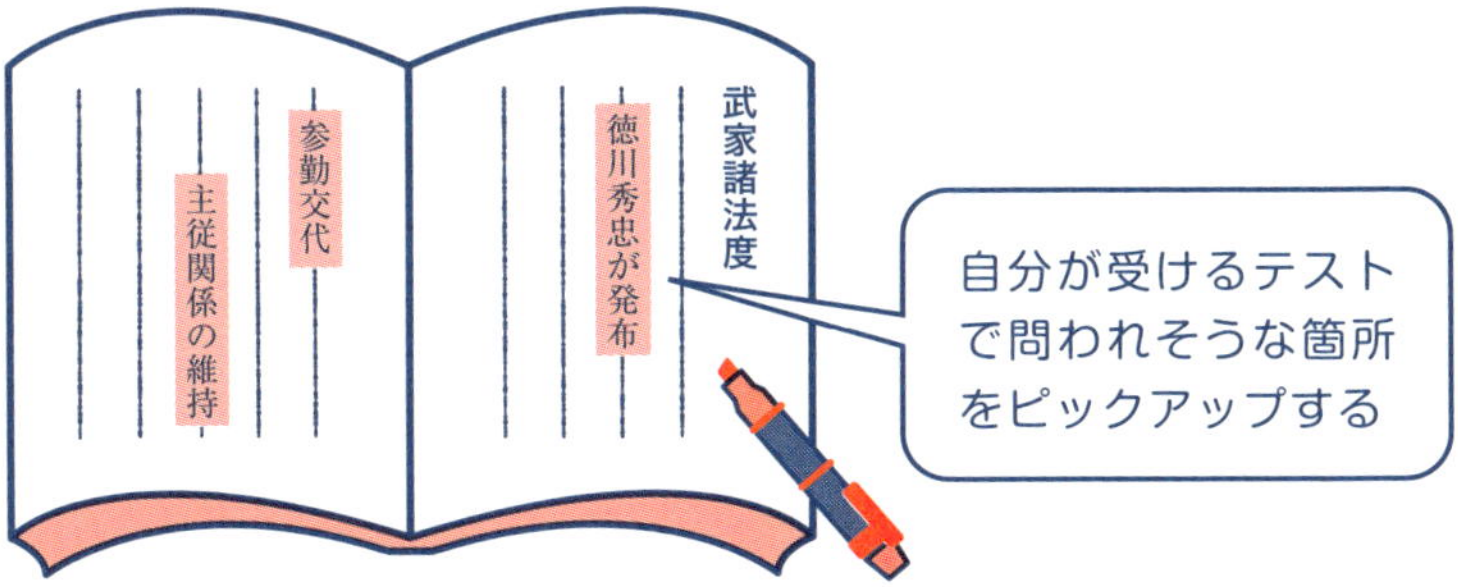

「即見直す」対象にマーカー

例 ・日本史なら人名、制度名
・法律なら要件、効果　など

Lesson 3

「5分→40分→5分」のミニ反復学習

学習のリズムを組み立てる

話は変わるようですが、勉強を継続するためには「リズム」が大切です。リズムよく勉強すると机に向かうことがラクになり、机に向かっているうちに勉強が習慣となり、テキストの情報が「知識」という武器になるのです。

学習の「リズム」とは、何分勉強して何分の休憩を入れるのか、という普段の勉強のペースのことです。

あなたは、どのようなリズムで勉強していますか？　とにかく勉強して疲れたら休むというのでは、リズムよく勉強しているとはいえません。

まずは、試験の直前期に特におすすめの学習リズムをお伝えしましょう。それは、**試験本番の時間に基づいた学習リズム**です。

試験直前なら、試験時間を1タームに

たとえば、資格試験を受験するとして、民法の試験が90分あり、そのあとに10分休憩してから刑法の試験が60分あるのなら、普段の学習も試験時間に合わせて、「90分の民法学習→10分休憩→60分の刑法学習」とするのです。

このようなリズムで勉強することで、体と頭が試験本番の時間感覚に合ってきます。すると、「時間切れで全然手をつけられない問題があった」などと悔しい思いをしなくて済むでしょう。

また、試験時間の長短は試験科目の重要度を表していますから、試験時間に合わせて勉強することで、重要なところにはとことん、重要ではないところにはさほど時間をかけない形で、バランスよく勉強でき、学習管理上も望ましいのです。

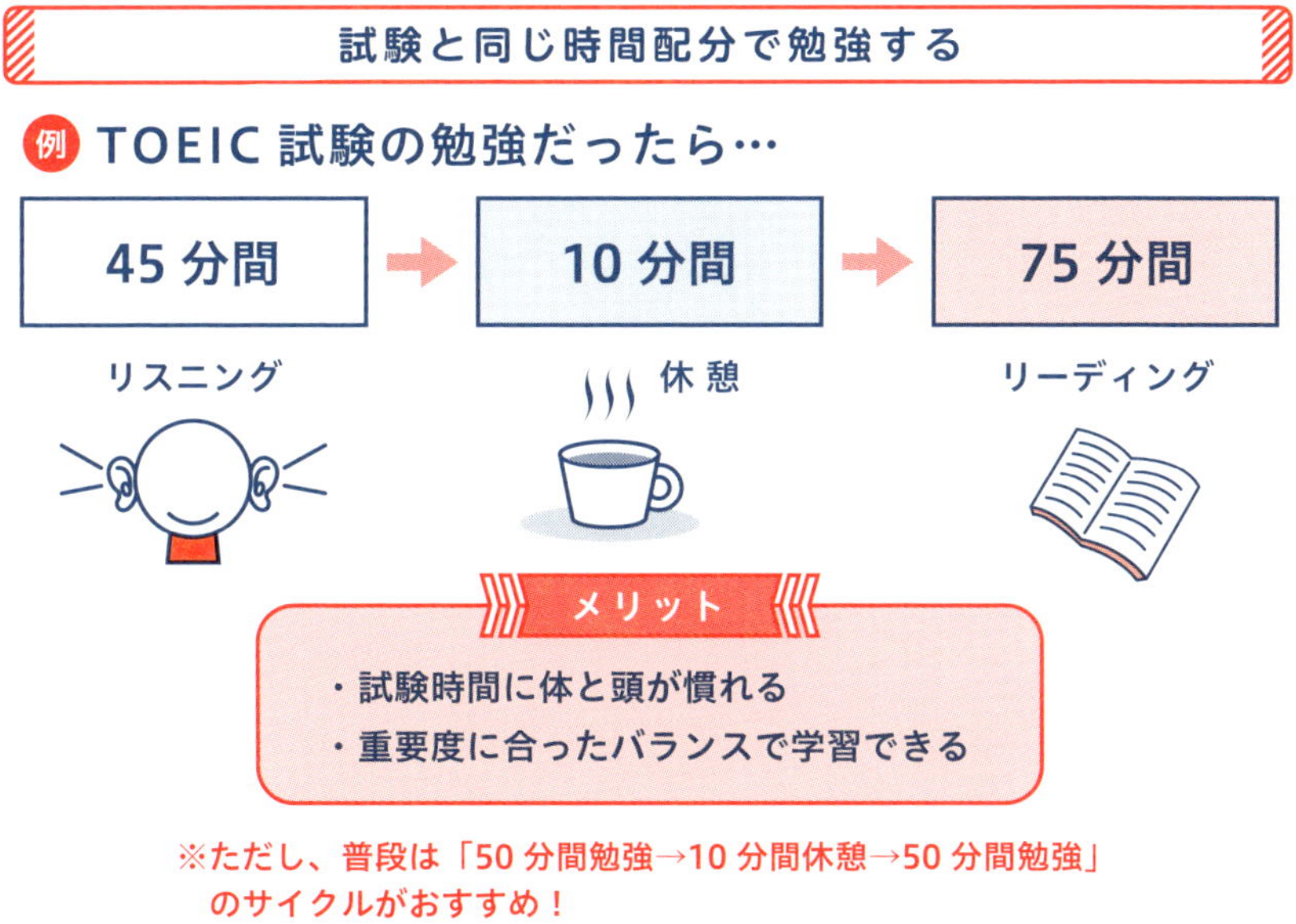

普段の学習は「50分」を1ターム

試験時間に合わせてする学習には、1つ弱点があります。試験にもよりますが、試験時間が長い場合は、その時間を1タームとすると、非常に疲れ、学習の継続が困難になってしまうことです。「直前期に特におすすめ」と述べたのは、このためです。

普段の学習では、**「50分勉強→10分休憩→50分勉強」のリズム**をおすすめします。

50分であれば中学校や高校での授業時間と同じくらいの時間であり、体や頭はその学習時間に慣れているはずだからです。

日々の学習では50分間勉強して休憩して、また50分間勉強して休憩して、を繰り返しましょう（キリのいいところまで勉強していたら、50分のはずが55分になったりすることもありますが、そのくらいは仕方ありません）。継続可能な学習リズムが望ましいのです。

1ターム「50分」のなかで、反復学習

情報に繰り返し触れると覚えられるようになるため、とにもかくにも「反復学習」が重要であることは何度も述べているところです。

ここで重要なのは、反復のチャンスがあるなら無駄にせず、とことん反復すること。

どのような場面でもいえるのは、**反復の機会は自分自身で積極的につくっていくべき**ということです。そしてこれは、勉強の工夫次第で十分に可能なのです。

「50分」の日常学習のなかで、積極的に反復学習をしましょう。反復学習は50分を3つに分けることで成り立ちます（次ページ図参照）。

50分のうち、核になるのが「40分間」の勉強です。まずは「40分間」、普通に勉強しましょう。

40分の学習が終わったら、その終わったことを復習するのが「5分間」のミニ復習です。40分の間で重要である部分にマーカーを塗るなりフセンを貼るなりして、すぐに復習できるようにしておきます。

この行為もやはり、能動的な姿勢です。「すぐに復習する」と決めて勉強すれば、復習対象を明確にしなければいけないため、自然と重要であるところを探しながら勉強するクセがつくのです。

話をもとに戻します。

40分間の学習と5分間の復習をして、10分程度休憩したら、**次の勉強に移る前に5分間、また前に勉強したことを復習**します。「40分学習→5分復習」→休憩→「5分復習→次の単元を40分学習→5分復習」……の要領で勉強するのです。

このように学習すれば、短時間のうちに繰り返し勉強できるようになります。知識が頭にしみ込むまで、とことん反復学習を心がけましょう。

合理的な勉強のリズムを知り、日々の学習で試してみてください。リズムがよければ反復するのも苦にならなくなってきます。

1ターム（50分間）の使い方

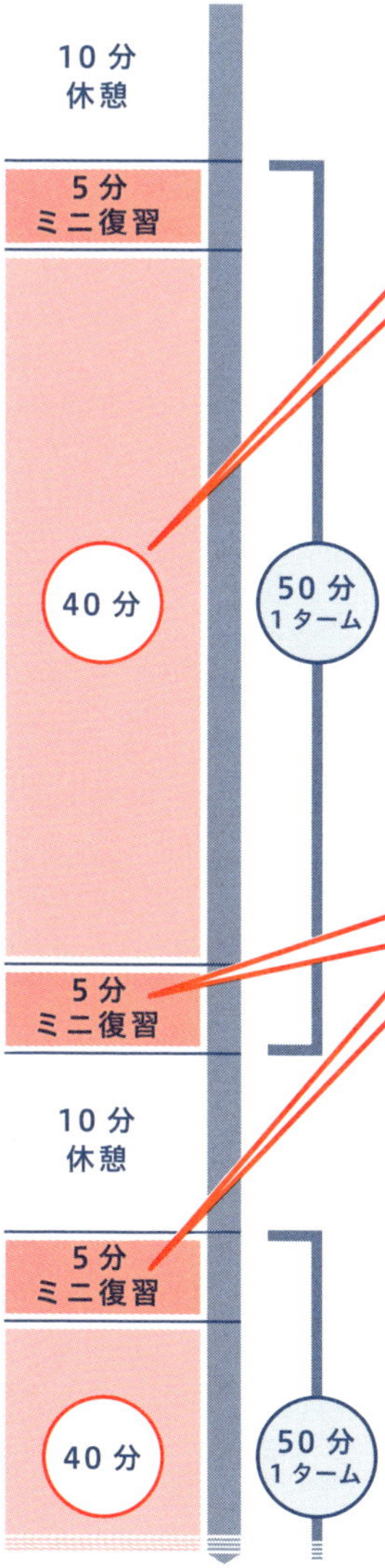
10分
休憩
5分
ミニ復習
40分
50分
1ターム
5分
ミニ復習
10分
休憩
5分
ミニ復習
40分
50分
1ターム

普通に勉強

あとの5分間で「ミニ復習」がしやすいよう

- 重要単語にマーカー
- 重要ページにフセンを貼る
- すぐに復習する必要のない具体例にカッコ

フセン
カッコ
マーカー

ミニ復習

- 単語に目を通す
- 単語の意味を説明
- フセンのページに何が書いてあったか説明

Lesson

4 よく繰り返す情報、たまに繰り返す情報

繰り返せ、繰り返せ、繰り返せ……

反復すればするほど、情報が頭のなかに強固な知識として蓄積されます。だから「反復学習」がとにかく大切で、繰り返すことを常日頃から意識して勉強してほしいのです。

優秀な人のほとんどは、いわば「繰り返し名人」です。一度や二度テキストを眺めただけで覚えられる人なんてどこにもいません。

三度も四度も繰り返しているうちに、情報が頭のなかで定着していくのは誰でも一緒。優秀な人は、この反復学習が当たり前であり、なおかつ上手なのです。「繰り返し名人」とは、まったく過言ではありません。

ここでは、反面教師として「繰り返し名人ではない人」の反復の仕方から確認しましょう。

同じ頻度で繰り返す愚行

反復のうまくない人は、とにかく「すべての情報を、まんべんなく、同じ頻度で」繰り返しています。

たとえば、問題集に「A、B、C、D、E」の問題があるとします。この問題集に繰り返し取り組むとして、まずはAからEまで順番に問題にあたって、一周したら、またAに戻ります。そしてまたEまで解き直したあとに、またAに戻り……このような要領で、グルグルと何も工夫せずに繰り返すのです。

たしかに繰り返しているのだから覚えることにはなりますが、これでは時間がいくらあっても足りません。この「単純ぐるぐる反復学習」は有効ですが、効率的ではないのです。

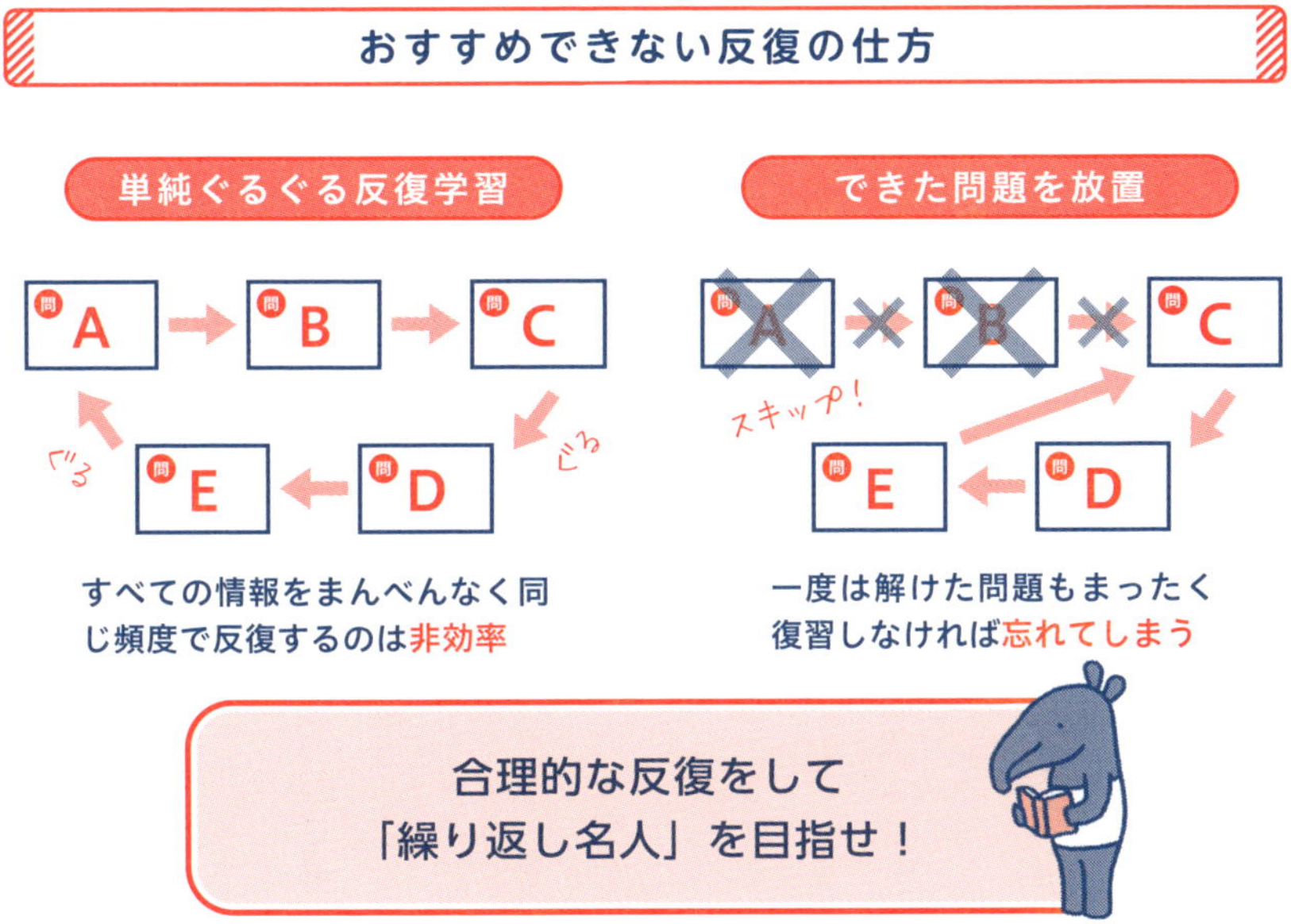
おすすめできない反復の仕方
単純ぐるぐる反復学習
問 A
問 B
問 C
問 D
問 E
ぐる
ぐる
すべての情報をまんべんなく同じ頻度で反復するのは非効率
できた問題を放置
問 A
問 B
問 C
問 D
問 E
スキップ！
一度は解けた問題もまったく復習しなければ忘れてしまう
合理的な反復をして
「繰り返し名人」を目指せ！

できた問題は繰り返さない愚行

もう1つうまくない反復の仕方を紹介します。

すべての問題に対して、同じ頻度で繰り返していては、時間がいくらあっても足りないことは知っている。「だから自分はできた問題はもう解かない！」と決めている方もいます。

たとえば先ほどの例と同じく「A、B、C、D、E」の問題を解くときに、一度目に、AとBが正解できたから、二度目は「C、D、E」のみに取り組むという復習法です。たしかにこの繰り返し方は、理にかなっているように思えます。何といってもAとBは既に解ける問題なのですから……。

しかしながら、この勉強法もいただけません。なぜなら、忘れることが考慮されていないためです。AとBだって、触れていないうちに忘れます。正解できた問題を繰り返さないのは、一見すると効率的な繰り返し方ですが、有効ではないのです。

有効かつ効率的な反復方法

望ましい繰り返し方は、時間をそれほどかけずに、すべての情報に何度も何度もアクセスすることを可能にする勉強法です。

ここで提案します。**できない問題はしっかり繰り返し、できる問題は忘れない程度に繰り返しましょう。**

そもそも繰り返し勉強する目的はざっくりいうと「覚えるため」ですが、その目的はもっと細かく分けて説明できます。現時点で覚えていない情報、解けない問題に関する情報。それらについては**「これから覚えるために」**繰り返します。一方で、現時点で覚えている情報、解ける問題に関する情報は**「忘れないために」**繰り返します。

結果として、できない問題はしっかり繰り返し、できる問題は忘れない程度に繰り返すことが合理的だとわかります。

ここから具体的な勉強法です。

まずは、**既に覚えた情報と、そうではない情報を分類**しましょう。

分類の基準は、思い出そうとしたときに、パッと思い出せるかどうかです。何となく答えがわかる状態では、覚えているとはいえません。知識というのは資格試験であれば試験本番で、ビジネスであればプレゼン本番や商談中の状況で、すらすら出てこないと意味がないのです。

覚えた情報とそうではない情報を一目でわかるようにするために、「しるし」をつけましょう。問題集に取り組んでいたのなら「○と×」をつけておけばよいでしょう。テキストや参考書であれば、覚えていない部分のみ、マーカーや赤ペンで目立つようにしておきます。

復習するときは、覚えていない箇所は毎回繰り返し、覚えている部分については3回に1回だけ繰り返す。これが全問穴なく覚えることができる最も合理的な方法です。

合理的な反復の仕方

① 覚えたか覚えていないか、しるしをつける

問1
問2
問3
問4
問5
問6

問題集

解けたら○
解けなかったら ×
と書き込む

テキスト

赤ペンやマーカーで
目立つようにしておく

② 覚えていないところを反復する

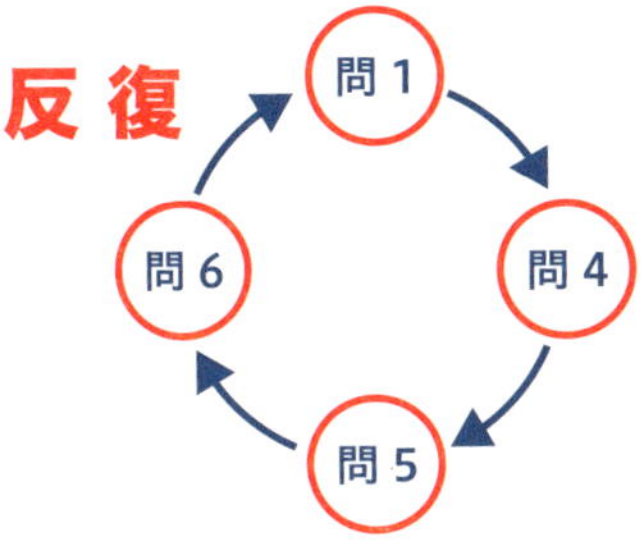
反復
問1
問4
問5
問6

毎回

不正解だった問1、4、5、6を
繰り返し解く

③ 覚えていたところもすべて復習する

3回に1回

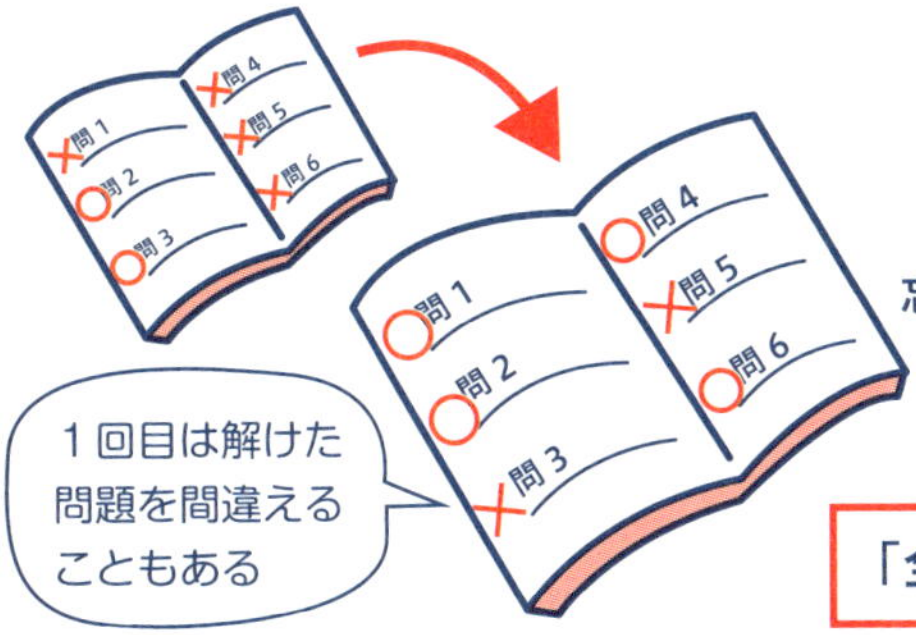
問1
問2
問3
問4
問5
問6
1回目は解けた
問題を間違える
こともある

一度覚えたところも
忘れている可能性があるので、
3回に1回のペースで反復

「全問復習」で穴をなくす！

Lesson

5

「忘れる前に覚え直す」が反復の鉄則

復習の成果が出ない理由

ここまで本書をお読みの方であればおわかりのことですが、復習はとても大事で、しっかり復習するかどうかが合否の分かれ目です。

困るのは、いくら復習しても覚えられない人です。何度も繰り返し勉強したのであれば、自然と覚えてしまってもいいように思えるものの、実際は、何度も復習したのに、なぜか覚えられない人がいるのです。

思えば復習の仕方は学校では教えてくれません。学習効果を最大限に引き出すために、復習の仕方をここで説明しましょう。

復習のコツは、復習をする「タイミング」にあります。タイミングを意識せずに復習すると、復習としての役割を果たさないことがあります。

復習が下手な人

復習が下手な人は、一度勉強したことを、しばらく放置してから勉強し直します。極端にいえば、いま勉強したことを1年後に復習するような人がいますが、これは復習下手の典型中の典型。

まずいのは、復習のタイミングが遅くなってしまうこと。知識が消え去ってからの復習は効果が低いのです。

知識が消え去ってからの復習はナンセンスです。以前に勉強したことを忘れてしまっているのですから、復習は「再びの学び」ではなくて、「初見の情報を覚える」という行為に成り下がってしまいます。これだと復習が、「復習」になっていないわけです。**復習は、既に勉強した内容を頭に焼きつける作業**なのですから。

成果の出ない復習と出る復習

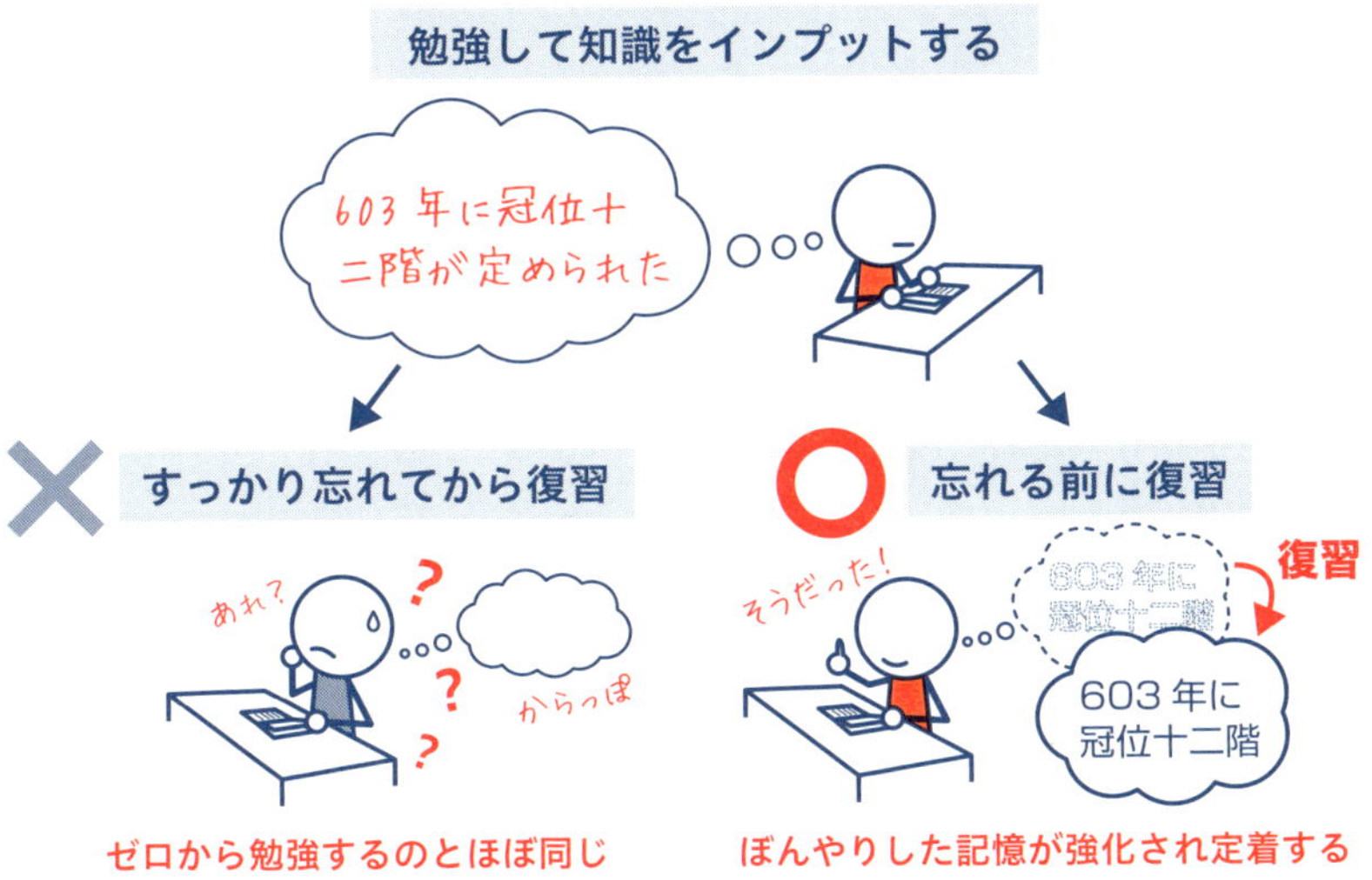
勉強して知識をインプットする
603年に冠位十二階が定められた
すっかり忘れてから復習
あれ？
からっぽ
ゼロから勉強するのとほぼ同じ
忘れる前に復習
そうだった！
復習
603年に冠位十二階
ぼんやりした記憶が強化され定着する

復習がうまい人

効果的な復習のタイミングは、「忘れる前」です。忘れる前に触れ直すのが重要です。

大切なことなので繰り返しますが、復習は既に学んだことを再び学び、知識を頭に焼きつけるための作業です。

頭のなかが「既に学んだ」という状態になっていて初めて「復習」ができます。

当然、**復習は知識が消える前にしなければいけません。**

勉強ができる人は、忘れる前に情報に触れ直すことをごく自然にしています。こうすることで、情報をしっかり頭にインプットしていくのです。

復習しても覚えられないという悩みがある方は、復習のタイミングを見直しましょう。忘れてから「復習」してしまっている可能性が高いからです。

忘れる前に触れ直すコツ

忘れる前に情報に触れ直して、記憶を強化するためにはコツがあります。

まずは、機械的な復習タイミングを日々の勉強に取り入れることを心がけてください。

勉強したら、「24時間後に復習する」と自分のなかでルール化しましょう。広く知られた「エビングハウスの忘却曲線」によると、いま覚えた情報は24時間後には74％忘れているとされていて、24時間が急激に記憶が消え去る時間帯だとわかります。ここで情報に触れ直すことで、記憶を一気に強化していくのです。

次に復習するべきタイミングは1週間後、その次は1か月後です。1週間後と1か月後であれば5日後や20日後とするよりも、学習管理上わかりやすく、実行しやすくなります。復習の間隔を次第にあけるのは、復習の回数を重ねていけば、忘れるまでの時間が長くなるためです。

得意科目と苦手科目で分ける

24時間（1日）後、1週間後、1か月後に復習する方法を私は提唱してきましたが、これを応用すれば、効果はさらに高まります。

応用とは、機械的なペースでの復習ではなくて、**得意科目と苦手科目で、復習のタイミングを変化させていく**のです。得意科目であれば記憶に留まりやすいため、1日後の復習のあとの復習は10日後、その次は45日後、という反復でも効果は出せます。一方で、苦手科目の反復なら、1日後、3日後、1週間後、2週間後というように、復習の間隔を狭くしていきましょう。

まずは機械的に「1日後、1週間後、1か月後」にそれぞれ復習してください。慣れてきたら、徐々に勉強スタイルを変えていき、復習タイミングを科目や単元ごとに別々にしていきます。

あなたにふさわしい復習方法を習慣にすれば、劇的に学習の効果は上がるのです。

エビングハウスの忘却曲線

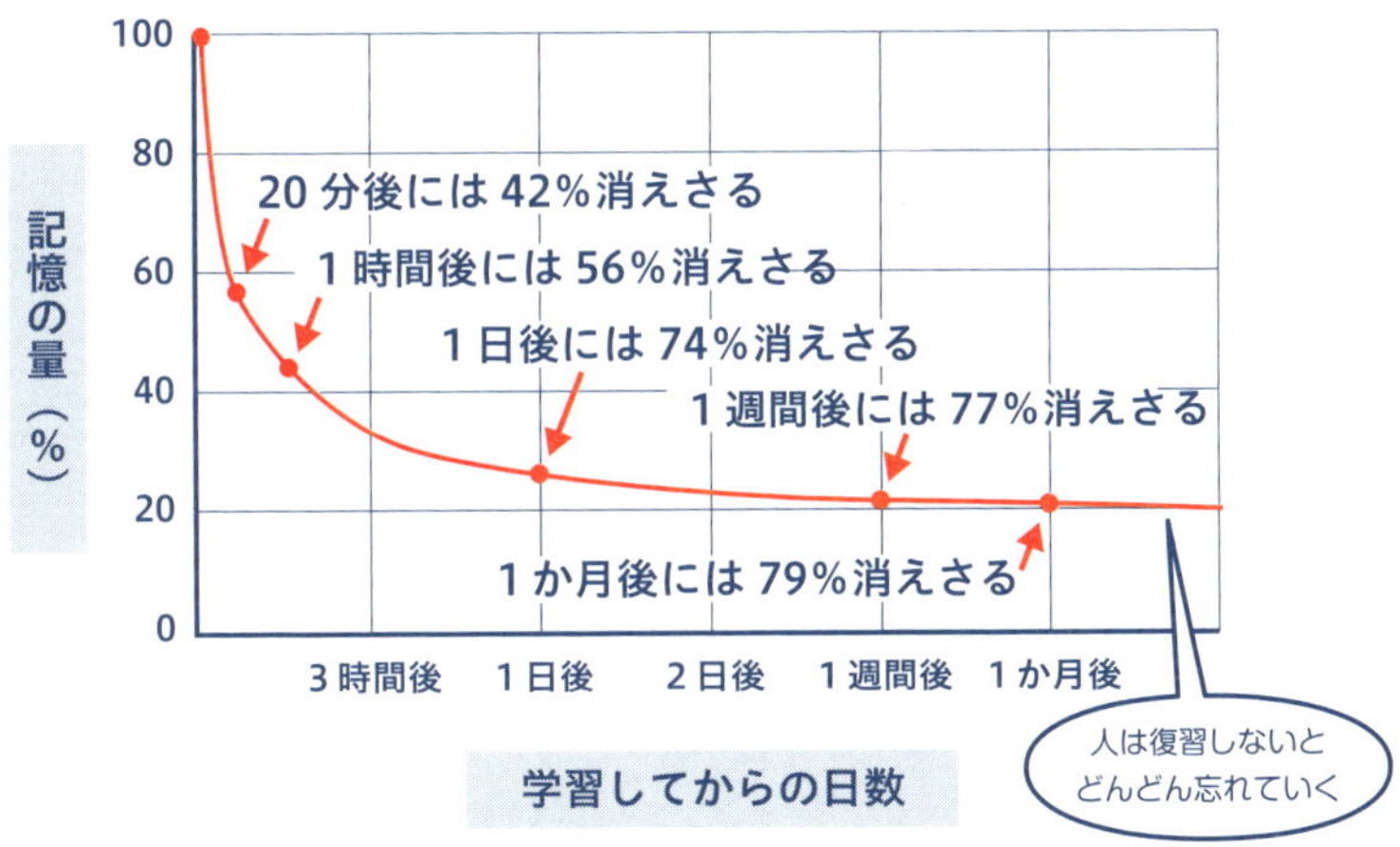
100
80
60
40
20
0
記憶の量（%）
20分後には42%消えさる
1時間後には56%消えさる
1日後には74%消えさる
1週間後には77%消えさる
1か月後には79%消えさる
3時間後
1日後
2日後
1週間後
1か月後
学習してからの日数
人は復習しないと
どんどん忘れていく

復習のタイミング

［ 原則は 24時間後 、1週間後 、1か月後 ］

《得意科目》

復習1	1日後	知識を習得するために24時間後に復習
復習2	10日後	得意科目の情報は多少間隔をあけた復習でも暗記できる
復習3	45日後	得意科目になると、しばらく復習しない期間があっても記憶は維持できるから45日後に復習

《苦手科目》

復習1	1日後	知識を習得するために24時間後に復習
復習2	3日後	苦手科目の情報はなかなか覚えられないから間隔をあけずに復習
復習3	1週間後	1週間後にもう一度復習して、記憶を定着させる

COLUMN ④

難関試験に合格するために必要な「繰り返す回数」

繰り返した分だけ記憶は強化されていきますから、「反復学習」は極めて重要です。

ところで反復学習といえば、受験生からこんなことをよく聞かれます。

「来年の試験に合格したいのですが、何回くらい繰り返せばよいでしょうか？」

結論を述べると、一概に○回繰り返せば大丈夫とはいえません。覚えるまで、目標を達成できるまで、とにかく繰り返すのです。

司法書士試験や公認会計士試験という一般的には難しいとされる試験を突破した私ですが、繰り返した回数は、本当に数えきれないほどです。

細かな知識まで問われる司法書士試験においては、過去問を繰り返し、最低でも10回は解きました。科目や単元によっては20～30回解いたものもあったでしょう。およそ30年分の問題を10回以上繰り返すのは骨の折れる作業ですが、難関試験に本気で受かろうとすると、そのくらいの勢いで勉強するのが「普通」です。

それだけの回数を繰り返すことができたのは、もちろん「工夫」をしたからです。本書で紹介したように、できるようになった問題は3回に1回しか触れない、テキストなら不要な部分をカッコに入れて無視してしまう、このような工夫によって、数十回もの反復学習が可能になるわけです。

あなたも繰り返し教材に取り組み、知識をモノにしてください。まれに「繰り返さなくても覚えられる」と主張する方もいますが、それは「積んでいるエンジンが違う人」の話です。私を含め、普通の脳の人は繰り返し情報に接することで記憶を強化していくのです。

第5章

試験に受かる暗記テクニック

Lesson 1

「頭文字インプット法」は無敵

列挙された事項を覚える

覚えたい情報のなかには、複数の情報が列挙されたものがあります。法律の勉強であれば、要件が複数あって、そのすべてを覚えなければいけない場面があるのです。

たとえば、消費税法の勉強で、課税の３要件を覚える場面です。課税の３要件とは、「①事業者が事業として行なう取引であり、②対価を得て行なう取引であり、③資産の譲渡等に該当するものであること」、この３つをいいます。

このような情報をしっかりと覚えるためには、どのように暗記したらよいのでしょうか。

ここで紹介するのは、列挙事項を正確に覚え、漏れなく思い出せるようになるための、**「頭文字」をピックアップして覚える方法**です。

頭文字をピックアップして暗記

要領は難しくありません。

先の消費税課税の３要件ならば、ズバリ「事対《じたい》資《し》」と覚えるのです。さらに効果的に覚えるために、**何度か口に出して覚えれば印象に残ります。**「事対資、事対資、事対資……」と、念仏のように唱えるのです。

いざ試験で課税の３要件が出題されたら、覚えた頭文字を問題用紙の端のほうにメモします。詳細を思い出す際は「事対資」と書いたメモを見ながら、頭文字から１つずつ思い出していきます。頭文字１つひとつが思い出すきっかけになるため、頭文字インプット法はアウトプットまで見据えた暗記法といえるのです。あなたの勉強でも試してみてください。

五箇条の御誓文を「頭文字インプット法」で覚える

① 覚えたい情報の頭文字をピックアップする

〈五箇条の御誓文〉

一 **広**ク会議ヲ興シ 万機公論ニ決スベシ
一 **上**下心ヲ一ニシテ 盛ニ経綸ヲ行フベシ
一 **官**武一途庶民ニ至ル迄 各其志ヲ遂ゲ
人心ヲシテ倦マザラシメンコトヲ要ス
一 **旧**来ノ陋習ヲ破リ 天地ノ公道ニ基クベシ
一 **智**識ヲ世界ニ求メ 大ニ皇基ヲ振起スベシ

頭文字を覚える

② ピックアップした頭文字を声に出して覚える

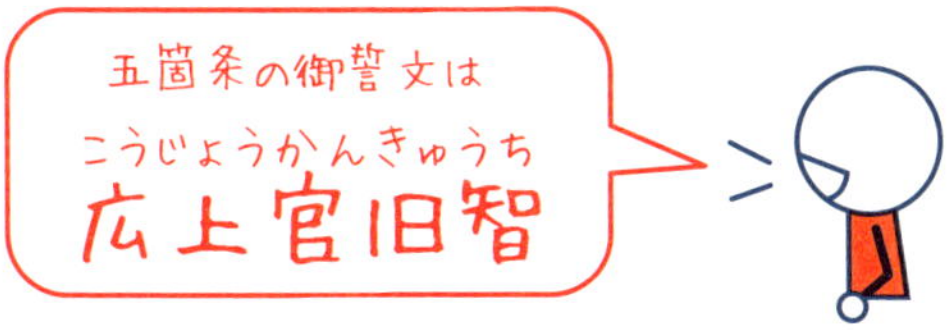
五箇条の御誓文は
広上官旧智《こうじょうかんきゅうち》

試験では…

③ 頭文字を問題用紙にメモし、思い出すきっかけにする

問
五箇条の御誓文を答えなさい
広上官旧智
「広」は
「広ク会議ヲ…」の
「広」だから…

Lesson 2

「個数を覚える」技術

列挙事項を覚える暗記法

箇条書きで羅列された情報を覚えるにあたっては、前項の「頭文字インプット法」以外にも、ぜひとも活用してほしい暗記法があります。それは**「個数を覚える」という方法**であり、頭文字インプット法とセットで活用してほしい暗記法です。

覚え方はいたって簡単。列挙事項の内容を覚える際に、その**列挙事項の数を覚える**のです。先ほども例に挙げた消費税の課税要件は3つありましたが、それぞれの要件の内容をおさえる前に、「課税要件は3つ」と覚えます。詳しい内容は、数を覚えたあとに暗記したらいいのです。

こうすれば、アウトプットの場での「困ったこと」を防げます。それは、思い出す場面で、せっかく覚えた知識が漏れてしまうことです。

「記憶の漏れ」を防げ！

要件をすべて覚えたはずなのに、試験本番で3つあるうちの2つを思い出して満足してしまった。プレゼンのために暗唱したはずの要点を本番で全部いえなかったことに終わってから気づいた。これらが恐ろしい「記憶の漏れ」です。

漏れを防ぐには、そもそも思い出さなければいけない情報がいくつあるのか、つまり「個数」を暗記することが極めて有効です。「要件は全部で3つある！」と把握しておけば、最後の1つを漏らしてしまう可能性が格段に低下します。

さらに「個数を覚える」際は「頭文字インプット法」を併用して列挙事項も暗記しましょう。そうすれば漏れがなくなるだけでなく、正確に思い出すことが可能になります。

頭文字×個数で覚える

例1

自筆証書遺言を作成する際には、遺言者がその全文、日付および氏名を自書しなければならない。

↓ 個数を覚える

自書は **3** か所

さらに 頭文字インプット法 ↓

自書は3か所、

全《ぜん》　日《ひ》　氏《し》

例2

国連安全保障理事会の非常任理事国（2016年）は、マレーシア、日本、アンゴラ、エジプト、セネガル、ベネズエラ、ウルグアイ、ニュージーランド、スペイン、ウクライナ

↓ 個数を覚える

非常任理事国は **10** か国

さらに 頭文字インプット法 ↓

非常任理事国は10か国、

マ日《ニチ》ア ー エセベウ ー ニュスウ

適度な長さで区切ると覚えやすい

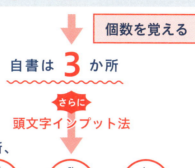

Lesson

3

「連想ゲーム」で情報に何度も触れる

反復の回数をどのように増やすか

しっかりと覚えるためには、何度も繰り返し情報に接して記憶を強化しなければいけません。

問題は、どのようにして情報に接する回数を増やせばいいか、です。

特に社会人として働きながら勉強している方などは時間がなく、広範囲の内容を何度も復習することを難しく感じるでしょう。

おすすめなのは「連想ゲーム暗記法」です。この方法を使えば、現在取り組んでいる勉強と同時に、ほかの単元・科目の復習が可能になります。

情報に出会ったときに連想ゲームをすることで、いま勉強している内容以外の情報にも、改めて触れることができます。結果、記憶はどんどん強化されていくのです。

思いつく限り知識をつなげる

たとえばいま、あなたは「民法」の勉強をしているとします。そして、民法のなかの「相続法」の分野を学んでいるとして「半血の兄弟姉妹の相続分は全血の兄弟姉妹の2分の1」という情報に出会ったとします。

では、ここから連想スタートです。

情報のなかから単語を1つピックアップし、その単語から別の情報を思い起こしてください。

「兄弟姉妹である相続人といえば、遺留分はない。遺留分といえば～」という要領で、情報をつなげていきます。

単元や科目など気にすることなく、思いつく限り情報を瞬間的に思い出して、どんどん連想してつなげていくと幅広い範囲の復習ができます。

連想ゲーム暗記法

例 相続法

連想START

半血の兄弟姉妹の相続分は
全血の兄弟姉妹の2分の1

兄弟姉妹といえば

兄弟姉妹である相続人には
遺留分はない

全血
半血

遺留分といえば

遺留分は、被相続人の相続時の
財産額に贈与額を加えて算出する

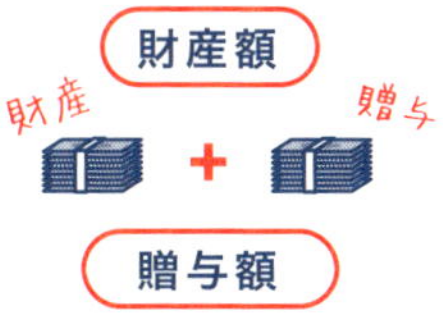
財産額
財産
贈与
＋
贈与額

贈与といえば

贈与契約は、書面で取り交わ
すと一方的に撤回できない

書面
印
撤回
NG！

書面といえば

書面でしなければ、
保証契約は成立しない

保証契約といえば

Lesson 4

頭のなかで「授業」を再現して暗記する

聴いた情報を定着させる

くどいようですが、情報に触れれば触れるほど、記憶はどんどん強化されていきます。

ここでは、資格スクールや予備校などで授業で得た情報を頭のなかに定着させるときに有効な覚え方を紹介します。

それは「授業再現インプット法」です。

授業を聴き終わったら、**その場で講師が話していたことを頭のなかで整理・再現**してください。テキストなどの教材をもう一度めくり直しながら、頭のなかで授業を再現するのです。

授業を再現するときのコツ

再現するときは、講師が説明した順番に沿って思い出します。いま聴いた話を流れを壊さずにそのまま思い出すのは難しくないでしょうし、**そっくり再現することが「反復」になる**ためです。

また、**講義で触れた重要事項には特に意識を集中**させなければいけません。「講師が時間を割いて説明していたのはここ！」と意識しましょう。

説明の再現ができずにつまったところがあれば、その部分にマーカーで色をつけたり、フセンを貼るなどして、しるしをつけます。「つまった」ということは記憶が定着していない証ですから、次回の重点的な復習対象にするためです。

そして最後に、**なるべく声に出して再現**してください。口を動かして声に出せば、情報が印象に残るためです。

授業を再現すると、それがセルフレクチャーとなり、記憶はますます強化されていきます。

授業再現インプット法

1 授業をよく聴く

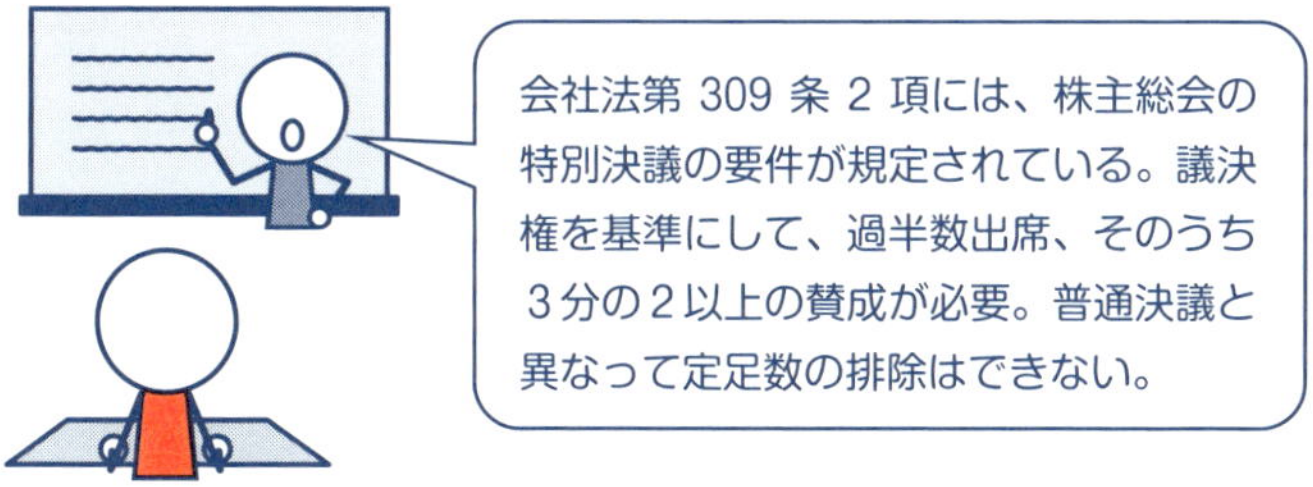
会社法第 309 条 2 項には、株主総会の特別決議の要件が規定されている。議決権を基準にして、過半数出席、そのうち３分の２以上の賛成が必要。普通決議と異なって定足数の排除はできない。

2 頭のなかで整理・再現する

特別決議は 309 条
2項に規定されている
要件は過半数出席、
そのうち3分の2以上賛成
? の排除は
できない

3 声に出して覚えたり、テキストで確認

忘れていた
ところを確認
特別決議は
309 条２項
特別決議は
309 条２項
特別決議は
309 条２項
定足数の
排除はで
きない
時間を割いていた
ところをマーク

Lesson 5

「レクチャー制度」でもっと暗記できる

教えることは学ぶこと

誰かに何かを教えたことがある人であればおわかりの通り、教えることを通して知識は定着していくものです。理路整然と話そうとする姿勢が理解につながるし、さらには口を動かして説明することで強く印象に残るようになるからです。

ここでおすすめなのが、**グループで互いに担当科目を決めて教え合う**こと。教えているうちに、その科目についてどんどん詳しくなれる、それが「レクチャー制度」です。

あなたの周りに同じ目標を持っている受験仲間がいるのなら、移動中や昼食時間に互いに教え合いましょう。

そして、次のルールに基づいて教え合えば、レクチャー制度の効果は高まります。

教える効果を高める秘訣

まず、**質問は自由にしていい**というルールにしましょう。ただ単に一方的に説明をする・聴く、というのではなく、双方向のやり取りをつくり出します。そのほうが、説明している側も自分自身の理解が足らない箇所を認識できることにもつながるためです。

答えられなかった質問は、次回までに調べてくるというルールも導入してください。ただ調べるだけでなく、誰かに説明するために調べるという姿勢が、暗記の後押しになるのです。

また、**厳しめの制限時間を設けて説明する**とより効果があります。限られた時間で情報を整理して相手に伝えるトレーニングをしておけば、いざというときも思い出せるようになります。

レクチャー制度

1 グループで担当を決める

2 レクチャーする（昼休みや移動時間）

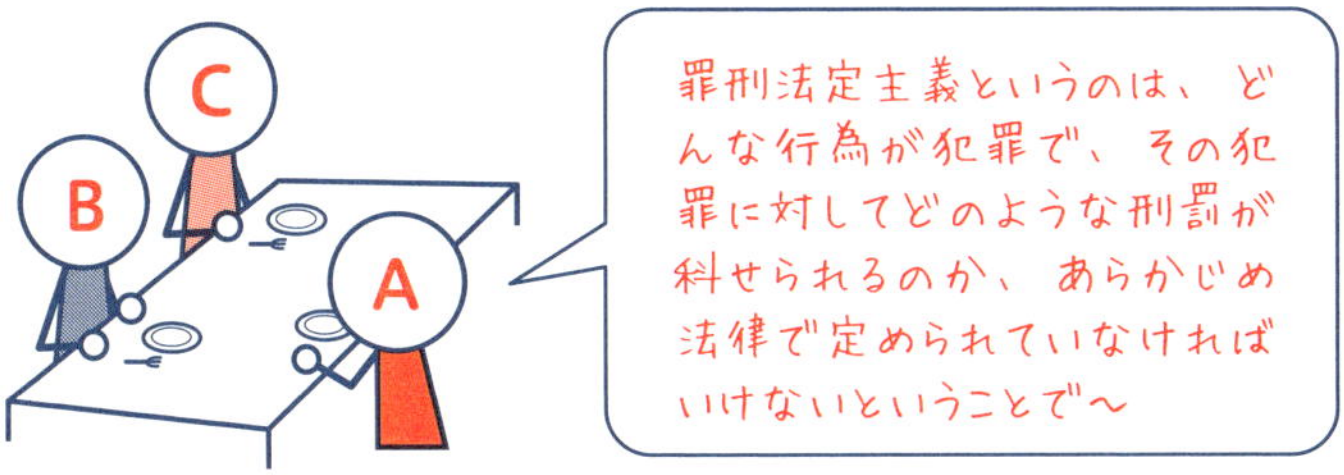

※このとき、制限時間を決めるとよい

3 質問を受ける → 4 答えられなかったら宿題にする

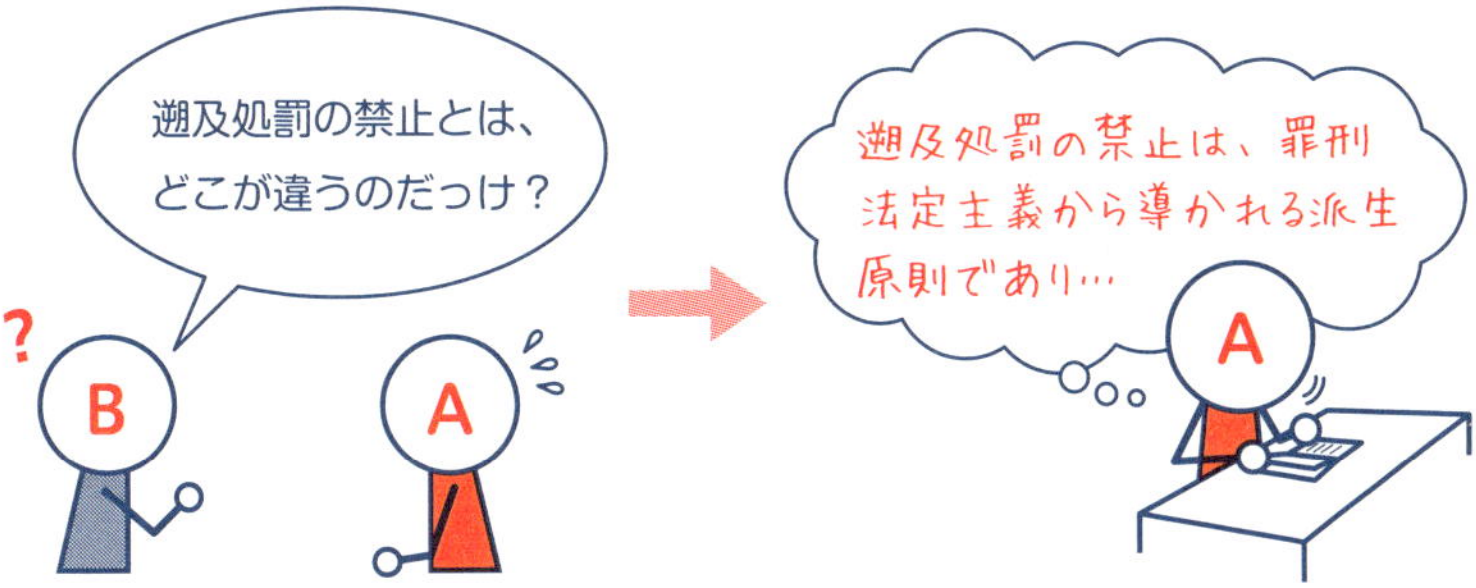

Lesson 6

「ダイジェスト復習法」で簡単反復

強制的に復習する仕組み

復習が暗記のカギを握っています。だから、復習がうまければ、暗記だって上手になります。

ここでおすすめなのが、「ダイジェスト復習法」です。**今日の勉強に取り掛かる前に、昨日勉強したことに、さらっと目を通してから今日の内容に取り掛かる**のです。

たとえば、今日は31ページから勉強するとします。その勉強の前に、昨日勉強した30ページまでの内容にもう一度目を通すのです。

ダイジェスト復習法は、あくまでも情報に触れる回数を増やすためにするもの。今日の勉強の主役は、あくまで、これから勉強する内容（つまり31ページ以降の内容）です。ダイジェスト復習の部分は、短時間で終わらせなければいけません。

短時間で復習を終わらせるコツ

短時間で復習を終わらせるためには、「仕込み」が重要です。前日の勉強の時点で、**翌日にダイジェスト復習で確認するべきところをあらかじめピックアップ**しておきましょう。出題されそうな箇所や忘れてはいけない情報を選びます。

大事なところとして選んだ箇所が一目でわかるようにしてください。たとえば、フセンを貼ったり、あらかじめ自分で決めた「復習対象マーカー」で塗ったりします。

復習するときは、フセンやマーカーの箇所をパッと見て、瞬時に言葉の意味を思い出すようにします。このように時間を節約しつつ効果を追求してください。

ダイジェスト復習法

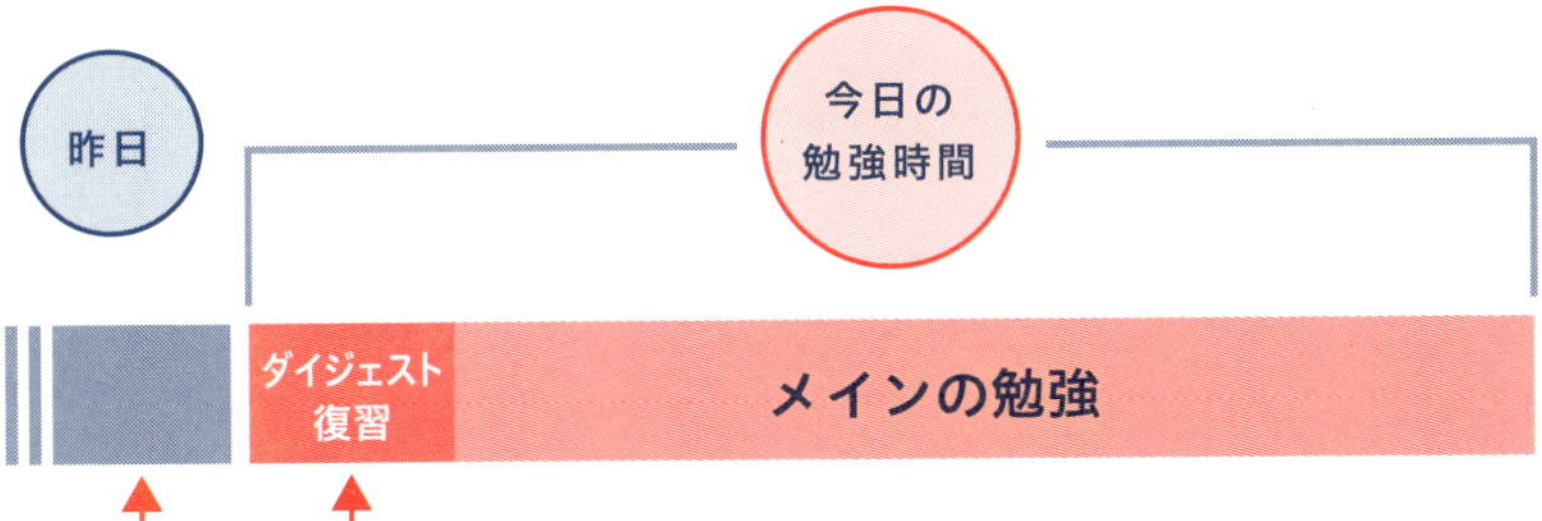

昨日分の復習

今日の勉強の冒頭を昨日の復習にあてる

ポイント 10 ～ 20 分程度の短時間で済ませる

翌日復習すべきところにフセンを貼り、
マーカーでしるしをつける
翌日のために、「大事なところはどこ？」
という視点で勉強する

フセンやマーカーの箇所を見て、
前日に勉強したことを思い出す

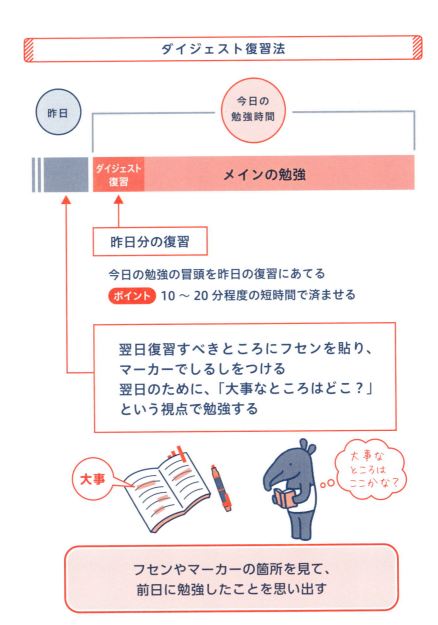

Lesson

7

「どこが不正解か」を考える

1つの問から複数の情報を吸収する

勉強時間は無限にあるわけではなく、限られた時間で多くの情報を覚えなければいけません。

時間が限られているような環境で勉強するのなら、特定の情報ソース（教材）から、可能な限り多くの知識を習得すべきです。

もっと端的にいえば、1つの問題を解いて1つの知識しか習得しないのは非効率です。1つの問題から、2つも3つも情報を吸収するのです。

間違いを正すだけではダメ

たとえば、正しい選択肢を探すという問題で、「1773年12月16日、アメリカは独立を宣言した」という選択肢があるとしましょう。

この選択肢を見て「×」と判断しただけで先に進んではいけません。試験本番ではそれでよいのですが、普段の学習では知識の幅を広げるために、もう少し工夫をしましょう。

最低でも間違っている部分を見つけ、正しい内容に言い換えるのです。

次に、**作問者が「どのようにひっかけようとしたか」を考えます**。この選択肢なら「1773年12月16日」という部分が間違っている箇所（正しくは、1776年7月4日）であり、ここでひっかけようとしています。この日は「ボストン茶会事件」です。

そこで、さらに知識を広げるために、「ボストン茶会事件とは？」という要領で説明してみましょう。こうすれば、1つの情報を起点としてほかの知識も習得できるようになるのです。

不正解を活用した暗記法

問 正しいものを１つ選びなさい。

①株式会社設立の効力が生じたあとは、遅滞なく会社設立の登記をしなければならない

②株式会社の定款には、株主の氏名及び住所を記載する

③株式会社の設立時における「現物出資」に関する事項は、定款の絶対的記載事項である

④株式会社の設立において、定款は公証人の認証を受ける必要がある

これで終わらない！

不正解のひっかけポイントを確認して知識にする

①株式会社設立の効力が生じたあとは、遅滞なく会社設立の登記をしなければならない
→ 設立登記をして効力発生

②株式会社の定款には、株主の氏名及び住所を記載する
→ 記載しない。持分会社とは異なる

③株式会社の設立時における「現物出資」に関する事項は、定款の絶対的記載事項である
→ 相対的記載事項

これにより、
１つの問題から４つの情報をインプットできる

Lesson

8

数字には「音」をあてはめて暗記

数字を覚えるコツ

勉強のなかでは、数字を覚えなければならない場面が多々あります。年号や数量など、いたるところで「数字」が登場し、それがなかなか覚えられない方は多いでしょう。

数字の暗記でお困りの方に、とっておきの覚え方があります。

数字は、1つの数字に1つの音をあてて覚えると簡単に暗記できます。

たとえば、「2851」という数字であれば、「にせんはっぴゃくごじゅういち」ではなく、「ニハゴイ」と覚えます。長い情報を短くしていくわけです。

さらに、長い数字は区切って覚えます。

「28511115736 87」であれば、「2851-1115-7-3687」と短く区切り、「ニハゴイ-イイゴナ-サロハナ」と覚えます。

覚えるときは、何度か声に出してください。声に出すと、強く印象に残ります。

思い出せるように覚える

数字を覚えても、その数字が何を指すのかがわからなければ意味がありません。

そこで数字を覚える際は、その数字が何を示すものか、つなげて覚えます。前述のボストン茶会事件は「1773年12月16日」ですが、「イナナサーイニイロは、ボストン」と覚えます。

ここでもコツはやはり声に出すこと。このように覚えたら、思い出すときは勢いで「ボストン」の部分まで一緒に思い出せるようになるのです。

1数字1発音で覚える

例

1…イ	2…ニ	3…サ	4…シ	5…ゴ
6…ロ	7…ナ	8…ハ	9…ク	0…オ

本能寺の変
1582年
イゴハニ

四国の面積
約18,804km²
イヤヤオシ

1トロイオンス
31.1035g
サイイオサゴ

札幌市の人口
1,962,918人
＊平成29年10月1日現在
イクロニクイハ

電話番号
090-1234-5678
オクオイニサシゴロナハ

ポイント

何度も何度も唱えて「音」として覚える

コツ

長い数字は、発音しやすい単位に区切れば覚えやすい

サイイオサゴ ➡ サイ－イオサゴ
イクロニクイハ ➡ イクロニ－クイハ
オクオイニサシゴロナハ ➡ オクオ－イニサシ－ゴロナハ

思い出せるように
数字が意味するものとつなげて声に出す

Lesson 9

「二度塗り・三度塗り暗記法」で即反復

即反復は、授業のとき以外でも可能

繰り返す回数を増やすために、「即反復」がおすすめであるとお伝えしました。

この即反復をとても簡単にする方法があります。それは「二度塗り暗記法」という覚え方です。問題を解いている場面を想像してください。普通は問題を解いたあとは次の問題に移りますが、ここで立ち止まります。

次の問題に移る前に、いまの問題の解答と解説を頭のなかで反すうしてから、次の問題に移ります。これで、情報に二度触れたことになるのです。

この「二度塗り暗記法」には、応用バージョンがあります。そう、「二度」ではなく「三度」その場で反復してしまうのです。

応用編！「三度塗り暗記法」

たとえば、Aという単元の勉強をしていて、単元Aには問題が5つあるとしましょう。

二度塗り暗記法であれば、問題1を解いて問題2に移る前に、問題1をもう一度確認します。

三度塗り暗記法であればこうします。問題1から問題5まで、すべてで二度塗り暗記法が終わったあとに、すぐに次の単元Bに移らず、問題1に戻り、問題1から5まで、また頭のなかで解答と解説を反すうします。

このように勉強を進めれば、すぐに3回の復習ができます。

なお、二度塗り暗記法も三度塗り暗記法も、情報に触れる回数を増やすことが目的であるため、あまり時間をかけずに行なうのがミソです。

二度塗り暗記法

① 問1を解く

↓

② 問1の解答を見る

↓

③ もう一度、問1を見て解答と解説を頭のなかで思い出す

↓

④ 問2に移る

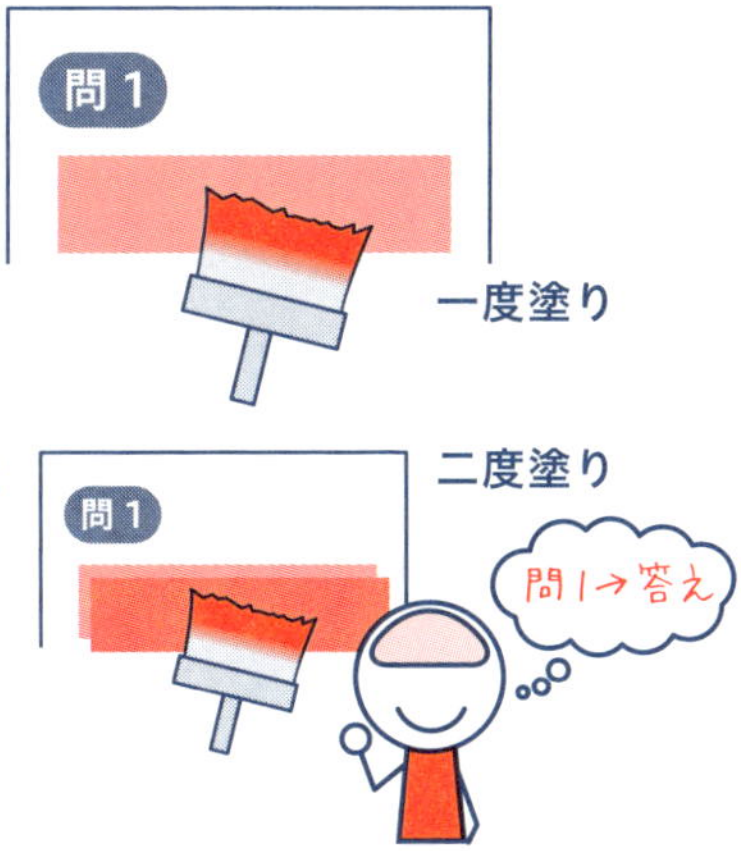

三度塗り暗記法

① 問1～問5まで二度塗り暗記法を行なう

↓

② 単元Bに移る前に、もう一度、単元Aの問1～問5まで通して頭のなかで解答・解説する

↓

③ 単元Bに移る

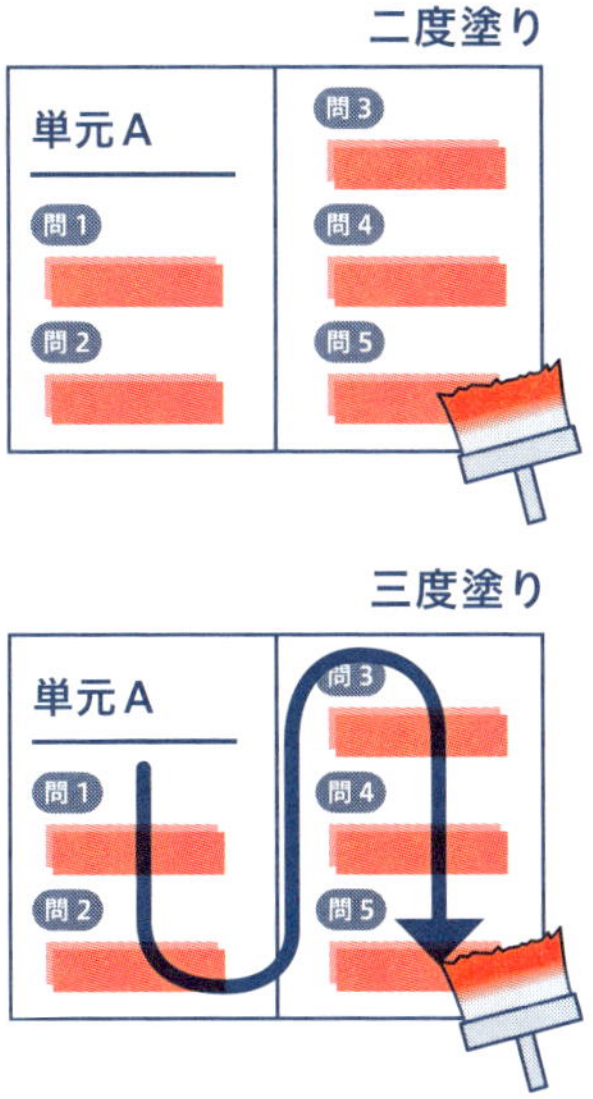

Lesson
10
抽象的な情報なら具体化して暗記

抽象的な情報は覚えにくい

情報のなかには、覚えにくいものがあり、抽象的な情報はまさにその典型です。このような情報は、どうやって覚えたらよいのでしょうか。

たとえば、会社法の勉強をしていて「監査役は取締役にはなれない」という内容の条文がありまます。これを覚える際は、そのまま「監査役は～」と覚えるのではなく、**具体的な情報に直して覚えましょう**。「たとえば」の掛け声で、身近な情報に直してしまうのです。これが「For example暗記法」です。

たとえば、あなたの会社に取締役である池田さんがいて、監査役の矢沢さんがいたとします。この場面では2人を想像して、「矢沢さんは、池田さんにはなれない」と覚えるのです。

覚える際は、頭のなかでリアルに想像することが大切です。実際の池田さんと矢沢さんの姿を思い浮かべて、「池田さんのようになりたくてもなれない悔しがっている矢沢さん」を想像します。

また、想像する際は「ワンシーン」としてイメージしてほしいところです。つまり動画のように長い映像ではなくて、写真のような瞬間的な画像として覚えるのです。

このように覚えておけば、いざというとき思い出すことが簡単になります。文字よりも映像のほうが覚えやすいし思い出しやすいことは既に触れた通りで、さらに身近な映像だからこそ、瞬間的に思い出すことが可能です。

抽象的な情報は、覚えやすい具体的な姿・形に変えて覚えるようにしましょう。

具体化して覚える

双務契約の当事者の一方は、相手方がその債務の履行を提供するまでは、自己の債務の履行を拒むことができる（民法533条、同時履行の抗弁権）。

たとえば 加藤くんに売ったものは、加藤くんが金を払うまでは渡す必要はない。

売買契約に関する費用は、当事者双方が等しい割合で負担する（民法558条）。

たとえば 契約書の印紙代は相手と折半。

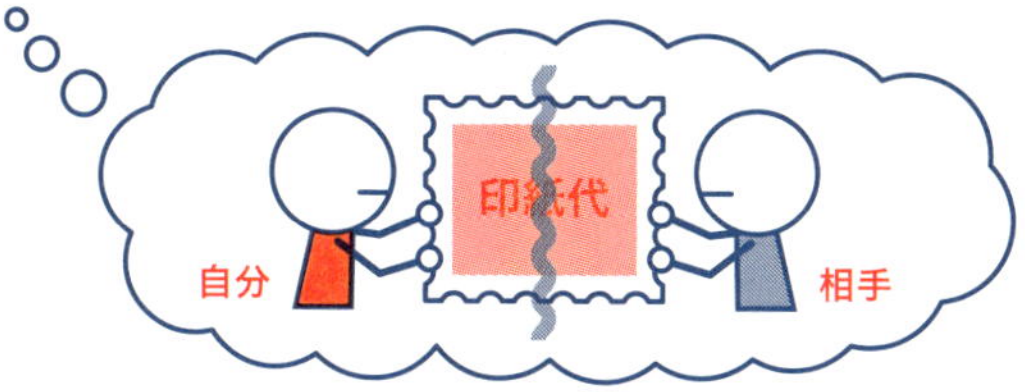

消費貸借は、当事者の一方が種類、品質及び数量の同じ物をもって返還をすることを約して相手方から金銭その他の物を受け取ることによって、その効力を生ずる（民法587条）。

たとえば 村田さんにお金を貸したとき、お金をハイっとわたして効力が生じた。

Lesson

11

「チャート暗記法」で長文をコンパクトに

ページまるごと覚えたい……

論文試験対策として勉強する場合や人前で話すために勉強する場合などは、本の内容をまるごと1ページ覚えたいときがあるはずです。

このような場合は、どうやって覚えたらよいのでしょうか。情報量としては膨大になってしまいがちだから困ります。

ここで「チャート暗記法」を紹介しましょう。この覚え方は、**文章のキーワードをピックアップして、「チャート化」して覚える方法**です。自分なりにマークを決めて、キーワードをつなげることで文章を圧縮し、図として記憶することで文字として覚えるよりも印象に残りやすくするという覚え方です。覚えるときは、まずはチャートの**形から覚えるのがポイントです**。

チャート化して形とパーツを覚える

次ページの例であれば、ある主張とある主張がぶつかり合っているな、それぞれに理由が2つずつぶら下がっているな、というように覚えるのです。

次に、それぞれの**パーツの頭文字をピックアップして覚えましょう**。「反逆景《はんぎゃくけい》」のように、頭文字暗記法の要領で覚えるのです。

思い出すときも、この手順です。試験で覚えたページがそのまま出題されたら、まずはチャートの形から思い出します。問題用紙の余白などに、チャートを書き出すのがおすすめです。次に、チャートの各パーツに、覚えた頭文字をあてはめていきます。

そして、頭文字を思い出すきっかけにして全体を思い出していくのです。

チャート暗記法

① 暗記したい文章

消費増税はするべきではない。なぜなら消費税は広く課税するという性質があり、所得の低い人ほど消費増税の影響を受けるという「逆進性」の問題があるからである。他にも、消費増税をすることで家計の消費が減り、景気が減速してしまう点も忘れてはいけない。

他方、消費増税するべきだという意見もある。高齢化によって膨れ上がる社会保障費の財源を確保することが国家として必要なことであるし、軽減税率の導入によって逆進性や景気減速の問題には対処できるためである。

② チャート化

反対 ⇔ 賛成

∵ ・逆進性の問題あり
・景気が減速してしまう

∵ ・社会保障費の財源確保
・軽減税率の導入

ポイント

- 「∵」のマークは理由を示す。「⇔」のマークは対立を示す。「・」は列挙を示す。このように自分なりのマークを考える
- チャートをつくるときは、長い文章のキーとなる単語をピックアップし、上記のマークを使ってチャート式にまとめていく
- 思い出すときは、チャートの形と頭文字（反逆景、賛社軽）から思い出す。まずはチャートの形を思い出して、頭文字を落とし込んでから、詳しい内容を思い出す

COLUMN⑤

勉強はやればやるほど「うまく」なる

本書では、ここまで数多くの暗記テクニックを紹介してきました。あなたの勉強に活用できそうな暗記法があれば、さっそく試してみてください。

ところで、私はこれだけ多岐にわたる暗記法を初めから知っていたわけではありません。試行錯誤を重ね、自分なりの暗記テクニックを構築し、体系化していったのです。

お伝えしたいのは、初めのうちは勉強（暗記）ができなくても、自らの時間を投資し、努力しているうちにできるようになるということ。そう、もともとの地頭のよさよりも、努力してテクニックを習得し、そのテクニックを使って日々勉強することのほうが大切なのです。

本書で紹介しているのは、その習得してほしい暗記テクニックそのものです。私が長年かけて築き上げてきた暗記法を、一冊の本にまとめたのが本書なのです。この本があれば、どのような覚え方が有効であり、効率的なのかが手に取るようにわかります。

暗記法を習得するためには、あとは「実践」あるのみです。本書の暗記テクニックを用いて、日々の勉強に取り組むのです。

暗記法を使って勉強するようになると、初めのうちは手間が増えたように感じるでしょう。けれども慣れてくれば違います。これまで覚えられなかった情報がすいすい頭に入ってきて、なおかつ忘れにくくなります。

このように、勉強の出来不出来は生まれつきの才能によるものではなく、後天的なものです。

そして勉強は、やればやるだけコツがわかってきて、「上手」になります。

第6章

重要情報を選別して効率的に覚える技術

Lesson 1

目標達成に必要な「暗記の程度」を考える

勉強における「資源」の適正配分

当たり前のことですが、覚えなければならない量が多ければ多いほど、勉強は大変になります。覚えたいことはたくさんあるのに、時間は有限で、さらには人間の頭は忘れるようにできているため仕方がありません。

このような事情から、勉強でも**「資源の適正配分」**が極めて重要です。力を入れて覚えるところ、そうではないところ、それぞれをしっかりと区別し、時間という限られた資源を効果的に配分する。このように勉強して初めて、時間がないなかで結果を残すことができるようになります。

限られた時間を有効活用するために、適切に割り当てるには**覚えるべき情報を2つに分ける**ことから始めましょう。

覚えるとしても、どの程度覚えるのか

その2つとは、「しっかり」覚えるべき情報と、「適当に」覚えておけばいい情報の2つです。

ここで使った「適当に」という言葉は「いい加減に」という意味ではありません。ここでの「適当」は「適切に」という意味であり、**試験であれば試験会場で正解が得られる程度に覚えたらよい**ことを意味します。

情報を2つに分ける理由は、ばっちり覚えなければ正解できない問題と、多少あやふやな知識でも正解を導ける問題があるからです。当然、前者にはより多くの時間を投資するべきです。一方で、後者についてはさほど多くの時間を費やすことなく、得点できる程度に覚えて時間を節約し、ばっちり覚える情報に時間を使っていくのです。

必要な暗記水準を確認する

テキストの内容

前漢の最初の皇帝は、劉邦であり、高祖とも呼ばれます。

劉邦は、郡国制を採用しました。郡国制とは、土地を皇帝の直轄地とそれ以外に分けて、直轄地には中央から官僚を派遣し皇帝の命令を徹底させる一方で、直轄地以外は半独立地域として、各地の王の支配に任せるシステムです。秦のような、急激な中央集権化は見送ったのです。

マークシート式なら

単語が何を意味するかがわかり、○×の判断がつけばよい。たとえば劉邦が何をした人で、郡国制がどのようなシステムかわかれば正解できる。つまり、求められる暗記水準は低い。

穴埋め式なら

単語が何を意味するのかだけでなく、書けるように覚えなければいけない。つまり、求められる暗記水準は低くはなく、中程度。

記述（論述）式なら

単語が何を意味し、漢字（英語であればスペル）が書けるのはもちろんのこと、背景等を説明できる程度に覚えなければいけない。

劉邦が郡国制を採用した背景や、郡国制とはどのような仕組みなのかも暗記する。つまり、求められる暗記水準は高い。

「アウトプット」が基準

しっかり覚える情報、適当に覚える情報、それらの分類は「アウトプットの仕方」に基づいて行ないましょう。

試験問題を例に出します。試験の形式が「マークシート式（○×式）」の場合と「穴埋め式」の場合があるとします。同じ情報を覚えるにしても、前者のほうが、適当に暗記しても対応できると気づきますよね。

たとえば、中国史を勉強していて「西晋《せいしん》を築いたのは司馬懿《しばい》」という情報を覚えるとします。○×の判断がつけばいいだけなら何となく漢字の形と「しばい」という音を覚えれば正解できるでしょう。しかし、穴埋め式試験の対策として覚えるのであれば、漢字を書けるようにしなければいけません。

つまり、アウトプットの仕方によって、求められる暗記水準は異なるのです。

状況によって変わる「分類」

しっかり覚える情報と、適当に覚えておけばいい情報は、「あなたの目標（試験勉強であればあなたが受ける試験）」によって変わります。

ある情報について、あなたの目標のためには、しっかり覚えるべき情報であるけれど、ほかの人にとっては、ほどほどに覚えておけばいい情報である――このようなことは、まったく珍しくないのです。

まずは**自分自身の「目標」を確認**しましょう。

あなたがしている勉強が試験勉強なら、論文重視の試験（つまり「書くこと」が重視されている試験）を受けるのか、それともマークシート重視の試験を受けるのか、場面によって「どの程度覚えたらよいのか」は変わります。

また、**覚える情報の特徴に応じても分類は変わります**。たとえば、世界史で人物名を覚えるとします。前述した「司馬懿」などのように、東洋史の人物名は、「書くこと」が求められるならば、何度も何度も書いて覚えるべきです。一方で西洋の人物名であれば、「書くこと」が求められていても、カタカナを書いて覚える必要はさほどありません。発音だけ覚えておけば、それで書けてしまうためです。

常日頃から考えるクセを

ばっちり覚えるべきかどうか、常日頃から考えて勉強してください。目標や試験の特徴に応じて「これはしっかり覚えよう、これはほどほどに……」と1つひとつ考えているうちに、瞬時に判断ができるようになります。

くどいようですが、覚えるための時間の効果的な配分を考えて勉強してください。

絶対にしてはいけないのは、すべての情報に対して、同じ力加減で勉強することです。心当たりがある方は勉強の仕方を見直しましょう。

目標に合った学習をする方法

勉強の目標を確認

例 英語の勉強では…

●TOEIC(LRテスト)で点を上げたい

→語彙数を増やすための勉強が必要。とにかく単語、熟語の意味を覚えるのが大切！

●社内の昇進テスト（記述式）に合格したい

→単語のスペルも書けるように覚える必要がある。英作文対策が重要！

●業界研究で英字新聞を読めるようになりたい

→細かい単語のスペルを覚える必要はない。ニュアンスがつかめるようになればOK！

出題形式を確認

マークシート式なら →「読むこと」を勉強の中心にする

テキストなどを読むときは特定の箇所になるべく時間をかけず、読む量を増やすことを心がける。

穴埋め式なら →「読むこと」だけでなく「書くこと」を勉強に取り入れる

流し読みのようにページをどんどん進めるのではなく、固有名詞などの覚えるべき箇所が出てきたら、「書いて覚える」という方法を取り入れる。

記述（論述）式なら →「読むこと」「書くこと」「文章を組み立てること」に意識を向けて勉強する

試験では「説明」が求められるから、固有名詞といった単語だけでなく、「説明文」を実際に書いて、説得力のある文章になっているかを確認する必要がある。

目標に合った効率的な勉強をする！

Lesson 2

「ばっちり」の覚え方、「適当」な覚え方

求められる水準で異なる覚え方

ばっちり覚える情報と、適当に覚える情報、それぞれの**分類ができたら、当然ですが暗記の仕方を変えましょう**。

ばっちり覚える情報は手間暇のかかる覚え方が適していて、適当に覚えればいい情報は、簡便的に、さほど時間のかからない覚え方で済ませることが望ましいといえます。

もし、あなたがこれまでの勉強で、何も考えずにどの情報に対しても同じアプローチで覚えようとしていたのなら、金輪際そのような覚え方はやめましょう。

ここでは「適当に」覚える勉強の仕方と、「ばっちり」覚えるための勉強の仕方を説明します。ぜひ、参考にしてください。

「適当に」覚える、省エネ勉強

適当に覚えておけばいい情報なら、書いて覚える必要はありません。

「見る」を基本にしてください。教科書を読むだけで済ませたり、問題集の解説を見たりするだけならば、短時間で済みます。適当に覚える情報には、それほど資源を投入してはいけないのです。

見るだけで覚えられない場合は、重要な単語だけ**「音読」**してください。口を動かし、耳から情報を拾って覚えるのです（なお、「声に出して覚える方法」は、ばっちり覚える情報に対しても有効な暗記テクニックです）。

また、科目自体が適当に覚えておけばよい科目であれば、**食後の時間帯**など、集中しにくい時間帯をその勉強にあてましょう。

「覚える程度」に合わせた暗記法

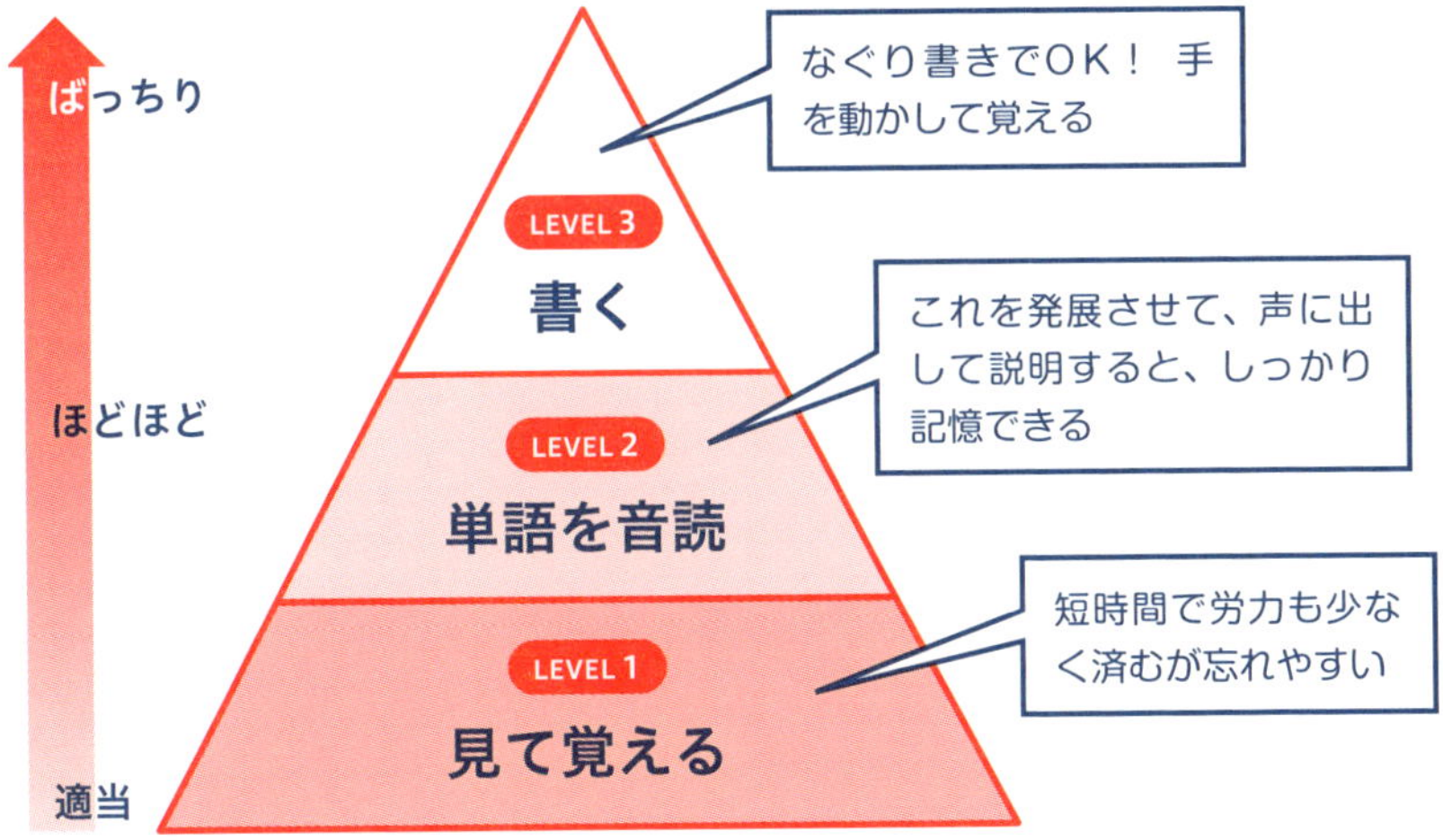

ばっちり覚えるために手間を惜しまない

ばっちり覚えるための勉強は、適当に覚える勉強とは真逆になります。

取り入れてほしい勉強スタイルは、やはり手を動かす、つまり**「書く」**です。書いて覚えることの有効性を否定する方はいないはずです。ただし、綺麗に書いていたら時間がかかりますから、**なぐり書きで済ませる**ことをおすすめします。

また、ただ重要単語を「音読」、つまり「太閤検地、太閤検地……」と唱えるだけでなく、「太閤検地とは～」というように「声に出して説明する」という水準まで高めるのも効果的です。説明すれば理解が進み、知識として定着しやすくなります。

集中しやすい時間帯に勉強することもまた重要です。勉強開始後の30分後くらいから集中力が高まるのであれば、その時間帯からばっちり覚えたい情報の勉強に取りかかりましょう。

書き出しに注目して「ばっちり」覚える

ばっちり覚える場面で特に苦戦するのは「文単位」の情報を覚えるときではないでしょうか。

文単位の情報を覚えるコツは第2章で解説しましたが、ここでは文を「ばっちり」覚える方法を伝授しましょう。

数行にわたる情報をそのまま頭に入れたい場面で有効な覚え方です。

そのコツとは、**文をキリのよいところで区切り、「書き出し」に集中して覚える**というやり方です。

たとえば次ページの4行を覚えるとします。4行の文章をキリのよい部分で区切り、長い一文を、短い文の集合体にします。

区切ることができたら、短い文の書き出しを中心に覚えましょう。次ページの例であれば「給湯室で、中田さんたちが、西島部長の」と覚えるのです。

このように覚えることで、あとから思い出すことが簡単になります。頭の単語を思い出せれば、そのあとを思い出すことは難しくありません。本書の著者の名前（碓井）を忘れてしまっても、頭文字である「う」を覚えていたら、「うすい」まで思い出せることは多いはずです。

ここでは「4行」をピックアップし、覚えやすいように情報を料理しました（つまり文を区切って書き出しを覚えました）。

これからの勉強では、教科書やテキストを読んでいて、覚えたい情報があったら、**自然に文を区切り、書き出しにあたる言葉を覚える**ようにしてください。

慣れないうちはペンを片手に、教科書で覚えたい文が出てきたら、スラッシュで文を区切り、書き出しはマルで囲むとよいでしょう。

慣れてきたら、文を見て頭のなかでスラッシュを入れ、書き出しに特に注意して文章を覚えていけば、思い出しやすくなります。

書き出しに注目して覚える

覚えたい文章

給湯室に立ち寄ったところ、中田さんたちがひそひそ話をしており、西島部長の悪口をいっていた。得意先との商談が失敗したのは、西島部長の責任であり、現場の人のせいではないとのこと。片岡取締役も同じお考えだと、彼らは話していた。

↓

書き出しの単語を覚える

給湯室／中田／西島部長／得意先／
西島部長／現場／片岡取締役／彼ら

↓ さらに応用

書き出しの単語の頭文字を覚える

給 中 西 得 西 現 片 彼

頭文字インプット法（110ページ）の要領

Lesson 3

「問題」は情報選別ツール

アウトプットを先に知るとよい

覚えるべき情報に、より多くの時間を割くという視点に基づくのなら、**アウトプットありきの勉強スタイル**を強くおすすめします。

そもそもですが、勉強の目的は「覚えること」ではないはずです。覚えた上で、その知識を「目的」に結びつける。試験であれば、覚えた情報を答案に吐き出して得点化します。ビジネスであれば、覚えた情報に基づいて意思決定・行動します。

いわば目的は知識のアウトプットを意味し、覚えること（つまりインプット）は、アウトプットされて初めて意味があるのです。

そうであれば、アウトプットすることになる知識を先に確認して、それに合わせた形で覚えたほうが合理的だとわかります。**目的を先に見て、目的に合わせて覚える対象をセレクト**するのです。

試験勉強であれば難しくありません。アウトプットは答案に知識を反映させることを意味するのですから、問題で問われる知識こそが、アウトプットで求められる知識といえます。

ここからいえるのは、実際に勉強する前に、問題と解答を見るクセをつけるべきということ。もちろんこの時点では解けません。いえ、むしろ問題は解くのではなく「見るもの」だと思ってください。

ある単元を勉強する際、教科書を読む前に該当する単元の問題とその解答に目を通します。

コツは、解答にある「固有名詞」を拾い読みすること。そのあとに教科書を読み、その固有名詞が出てきたら集中して覚えるのです。

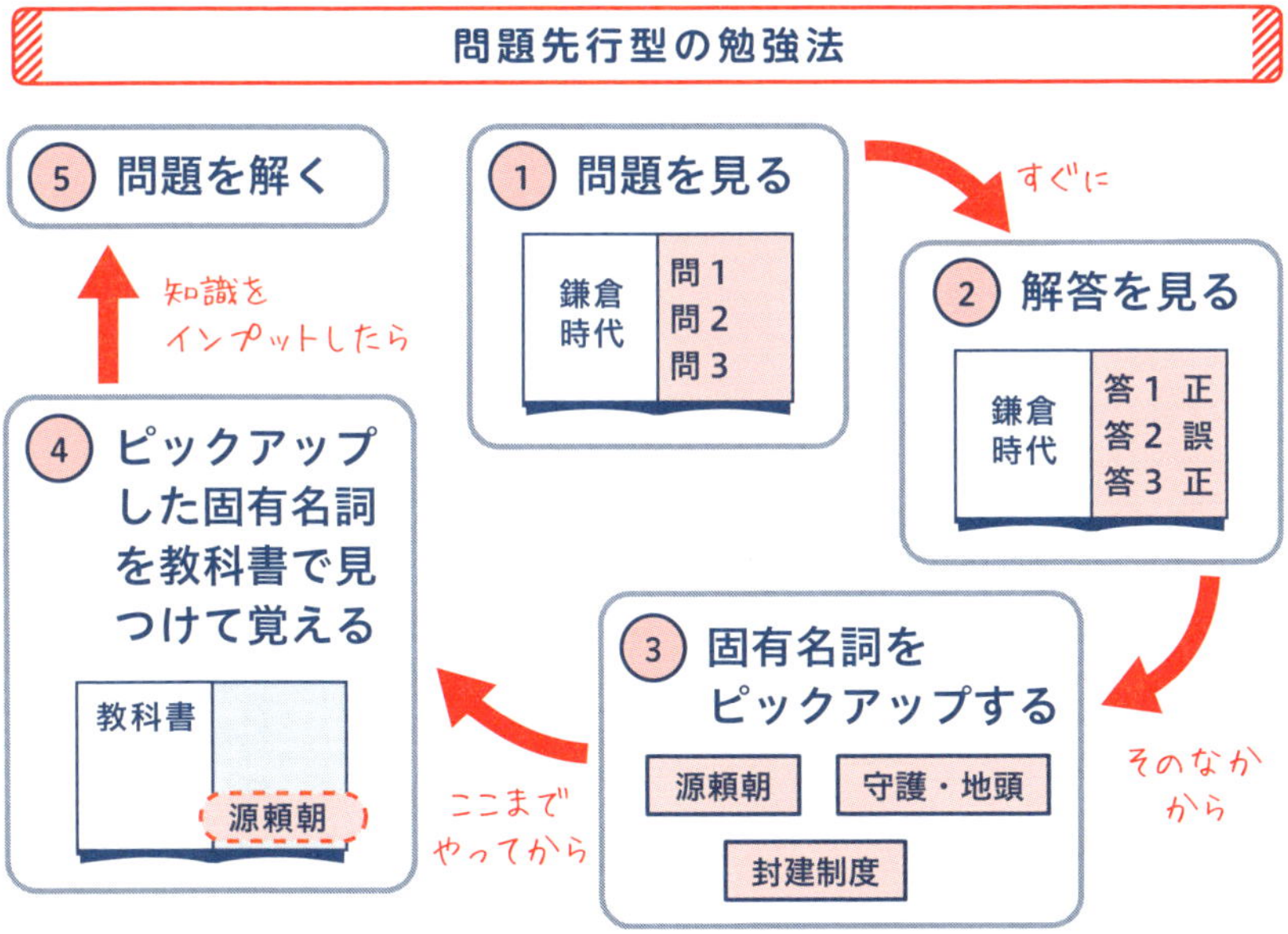

科目自体を勉強したことがなくても……

この「問題先行型学習」は、各単元の勉強をするときだけでなく、新たな科目の勉強に入る前であっても実施してほしいところです。

新しい科目に突入するときに、教科書ではなく、**問題集を眺めることから始める**のです。問題集を眺めるとは、「何が、どのように出されているか」を把握する読み方のこと。人物名がよく出されている、要件についての問題がよく出されている、説明させる問題がよく出されている、とわかれば十分です。

このようなことがわかれば、各科目の勉強をするにあたって、人物名や要件が出てきたら重要な情報だと反応できるようになります。説明問題が頻出すると知っていれば、説明で問われそうな箇所を見つけたときに「説明するとしたら〜」と考えるクセがつきます。**アウトプットを見据えたインプット**が可能になるわけです。

過去問学習で何を「見る」のか

問題といえば、最も良質なのはなんといっても「過去問」です。本試験問題こそが受験勉強の本当の「目標」なのですから、**過去問は究極のアウトプット確認教材**だといえます。

過去問を見るにあたっては、「何が、どのように」を厳密に確認しましょう。

まずは「何が」ですが、ほかの問題集では「人物名が出るな、要件が出ているな」くらいでしたが、過去問であればもっと細かく見ていきます。「人物名は、西洋人よりも東洋人の人物名が出されている」と気づけたら、自然と東洋の人物名が出てきたら集中して覚えるようになるでしょう。

法律試験でよく問われる「要件」だって細かく見ていけば、ある分野の要件に偏って出題されているとわかることがあります。

民法なら債権法よりも物権法の要件が問われていたら、物権法の要件には敏感にならざるを得ません。

次に「どのように」ですが、出題のされ方にも気を配ってください。

まずは中心となる**「出題形式」**です。穴埋めなのか、○×なのか、記述なのか。前述した通り、○×中心であれば書く必要がないため、難しい漢字が出てきても練習する必要はないとわかります。

記述問題が出るなら、解答用紙は「何文字程度なのか」を確認することも非常に重要です。

40文字程度の説明問題しか出ないのであれば、300文字で説明できる必要はまったくないためです。この場面で300文字の説明問題の準備をするのは、アウトプットを見据えていない何よりの証拠です。

とにもかくにも、**アウトプットすることになる知識を先に確認**してください。細かな知識をインプットするのは、それからでも遅くないのです。

過去問のチェックポイント

STEP1 何が出されているかチェックする

答えを見ながら、どんなものが答えになっているのか、傾向をつかむ

歴史
- □ 人物名
- □ 年号
- □ 事件・出来事名
- □ 場所

法律
- □ 要件
- □ 効果
- □ 条文
- □ 事例

英語
- □ 単語
- □ 熟語
- □ 疑問文
- □ 発音記号

STEP2 過去問の出題形式に応じて覚え方を考える

穴埋め式なら…
人物名の漢字も練習して覚えよう

記述式なら…
条約名と内容をセットで覚えよう

マークシート式なら…
事件名とその登場人物を中心に覚えよう

○× 式なら…
入れ替えやすい年号に注意して覚えよう

Lesson 4

教科書が不要になる「問題集」の使い方

問題集中心学習のススメ

覚える対象を選別するにあたって、「問題」を活用する重要性はご理解いただけたでしょうか。

問題になる情報こそ、覚えるべき情報そのものですから、問題集を中心に勉強していたら、重要情報に沿った勉強がおのずとできるようになるのです。

ここで、問題集をさらに有効活用する勉強法をお伝えしましょう。

問題集を教科書代わりにしてしまい、問題集をインプットの中心教材にしてしまう勉強法です。

問題を徹底的に活用するには、問題へのアプローチの仕方から工夫が必要です。

これまで何も考えず問題に取り組んでいた方は、取り組み方を改めましょう。

教科書代わりとして使う問題集の選び方

多くの人は、「教科書を読む→問題文を読む→（思考）→解答で正誤確認→解説を読む」という順番で勉強していくはずです。問題は「解くもの」であり、解いた上で解答を確認して解説を読むものだと思い込んでいるからです。

しかし、「問題は読むもの」だと、本書で解説してきました。問題を先に確認することで、覚えるべき情報を絞り込むことができるからです。

つまり、問題集を「教科書」だと考え、思考せずに解答・解説を読み込むという使い方をすると効率的に学習できます。

教科書代わりとして使う問題集を選ぶときは、次の2点を確認してください。

まずは、**網羅性のある問題集であるかどうか**で

問題集を「教科書」にする勉強法

1 教科書を読まずに問題文を読む

2 すぐに解答・解説を読む

深く考え込まず、見るだけにする

繰り返し読んで、自分で解説できるようにする

注意点！

問題集は網羅性のあるものを使う

す。何冊か見比べてみて、1つの単元に対して問題がいくつ掲載されているか数えます。問題数が多いほうが、網羅性があり、さまざまな切り口から出題されている可能性が高いので、そちらを選ぶようにしましょう。

次に、解答についてどのように解説されているかを確認します。**答えだけでなく、周辺の情報についても細かく書かれているものを選ぶ**とよいでしょう。解説がわかりやすく、丁寧であれば、自分で情報を整理する手間をかけずに、簡潔な情報を覚えることができます。

ちなみに、解説に目を通すときは、自分で自分に説明して納得できるくらい読み込みます。解説は問題文と解答を結びつける架け橋のようなものです。解説部分をしっかり覚えれば、出題形式が多少異なっても、正解を導けるようになります。

問題集を教科書・テキスト代わりにする際は、「網羅性」と「解説」に注目して選びましょう。

問題集に関連情報を書き込め！

問題集をインプット学習の教材とする場合に心配なのは、情報の「漏れ」です。学習の軸とした問題集に載っていない情報は、どのようにして覚えたらよいのでしょうか。

ここで「問題集に情報をつけ足すこと」をおすすめします。目の前の問題に関連する情報で、解説にはない情報があるなら、解説部分（の横や下の余白）に、関連情報を書き込みましょう。

模擬試験で触れた未知の知識やほかの問題集で見かけた情報を軸とする問題集に「一元化」していくのです。

次に、解説で説明が足りない情報があり、辞書などで深く調べたときは、同じく**解説の余白部分にメモ**してください。

解説文中にある単語の類義語や対義語、よく勘違いしてしまう知識などがあれば、それも余白に書き込みましょう。

そのほか、解説にある単語や言い回しから、別の問題を派生して自分で作問できるなら、自分自身でつくった問題も書き込みましょう。

情報を覚えるときは1つの教材にまとめてしまったほうが、復習の効率がよくなります。

また、情報は孤立して覚えるのではなく、ほかの情報とつなげて覚えるべきという観点からも、軸になる問題集に関連情報を書き込んでいくのが合理的でしょう。情報のプラットフォームをつくれば、情報は一気に覚えやすくなるのです。

復習のときは、もちろん重点的に覚えるべきなのは初めから印字されていた部分です。自ら書き込んだ情報は、ある意味で「おまけ」ですので、それを覚えるのは後回し。よい意味でメリハリをつけてください。

復習のときに、印字は毎回見る情報、書き込んだ部分は2回に1回見る情報、などと扱いを変えると効率的に勉強することができます。

問題集に情報を「一元化」する

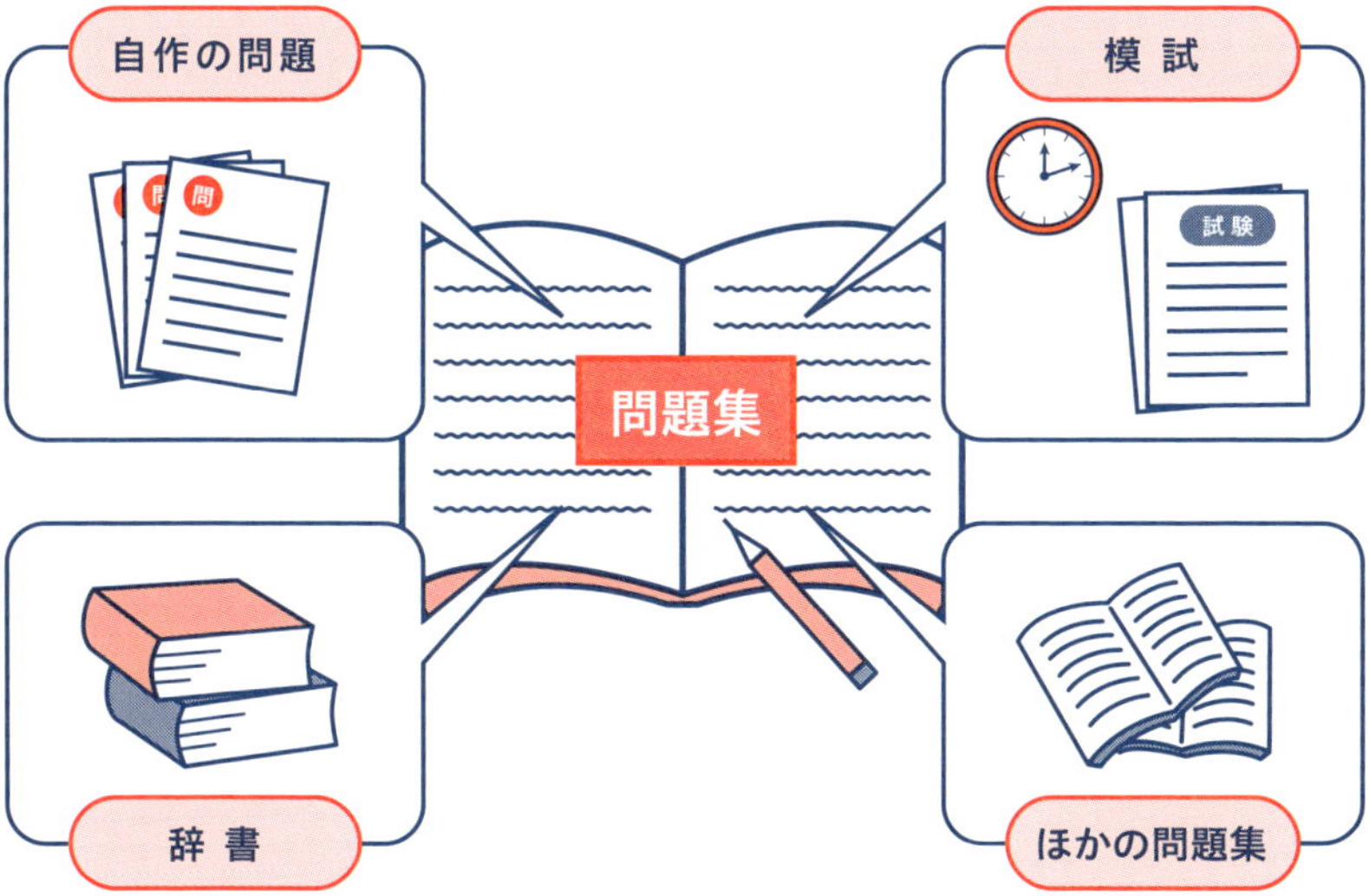
自作の問題
問
模 試
試験
問題集
辞 書
ほかの問題集

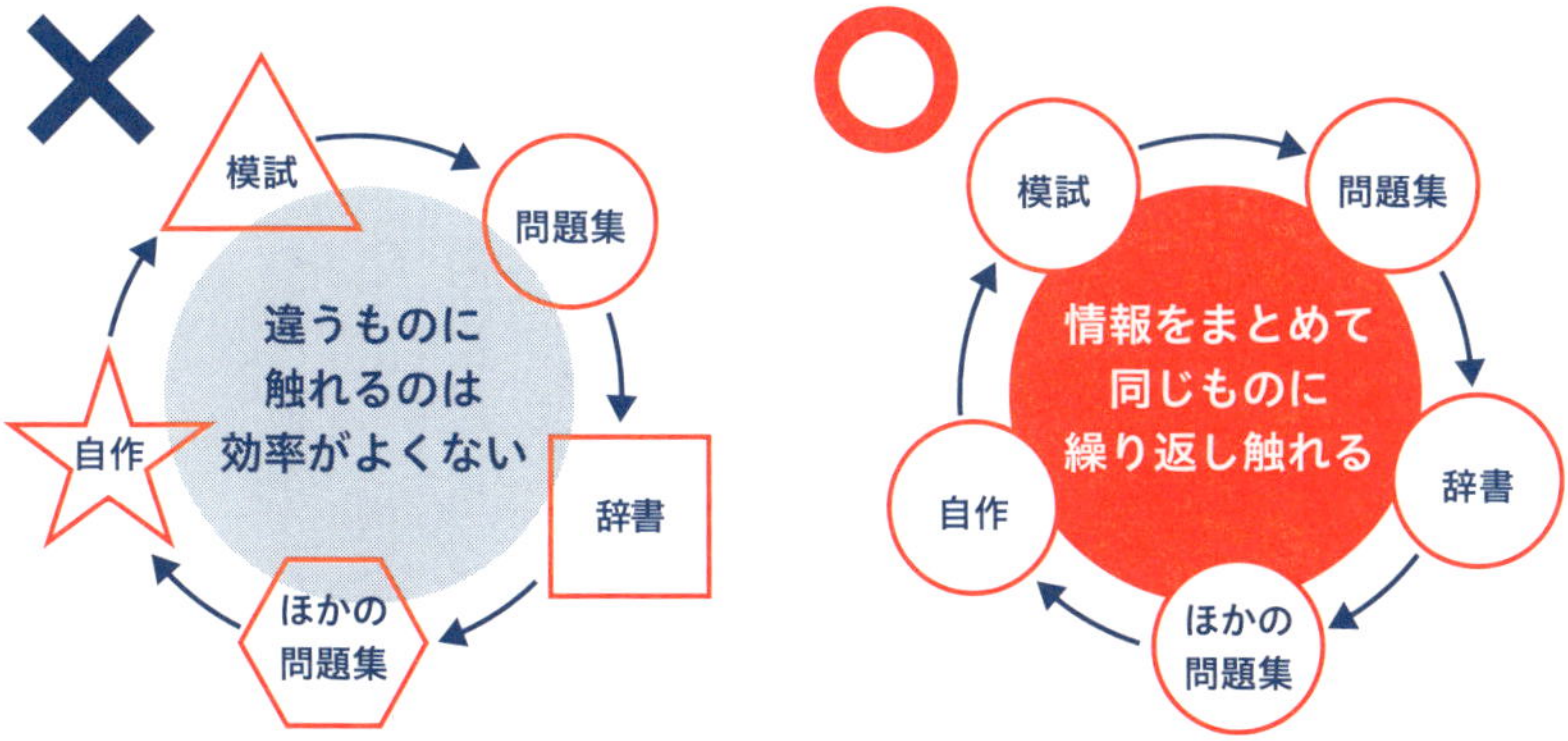
×
模試
問題集
辞書
ほかの問題集
自作
違うものに触れるのは効率がよくない
○
模試
問題集
辞書
ほかの問題集
自作
情報をまとめて同じものに繰り返し触れる

ただし、もともと印字されていた情報に重点を置く

Lesson

5

最後に勉強するのは「ド基礎」

勉強すべき内容がたくさんある

試験勉強であってもビジネスの勉強であっても、覚えなければいけないことはたくさんあります。膨大すぎるほどの情報量を、覚えては忘れ、覚えては忘れを繰り返し、使える知識にまで高めていくのが勉強なのです。

勉強で重要なのは、勉強すべき対象の絞り方です。特に試験直前は絶対的に時間がなく、勉強できる量は限られてしまいます。

試験直前の貴重な時間には、どのような情報をインプットしたらよいのでしょうか。

直前になって勉強すべきなのは、とにもかくにも「基礎」です。**時間がないときほど、「基礎」に集中して勉強する**のがコストパフォーマンスがよいといえます。

基礎、基礎、基礎、とにかく基礎

ところで「基礎」といえば「簡単」という意味に捉える人がいますが、基礎は簡単という意味ではありません。**基礎とは「重要部分」を意味する**のであって、いかなる問題を解く際にも直接的、あるいは間接的に求められることになる知識をいうのです。

「基礎」の意味をこのように捉えたら、時間がないなかで勉強するのであれば、基礎をとことん勉強したらよいとわかります。

基礎を勉強すれば、いかなる問題であっても対応することができるためです。

試験本番が近づくと難しい問題に挑戦したくなる気持ちはわかります。けれども、直前こそ基礎を大事にしてください。

難易度と重要度

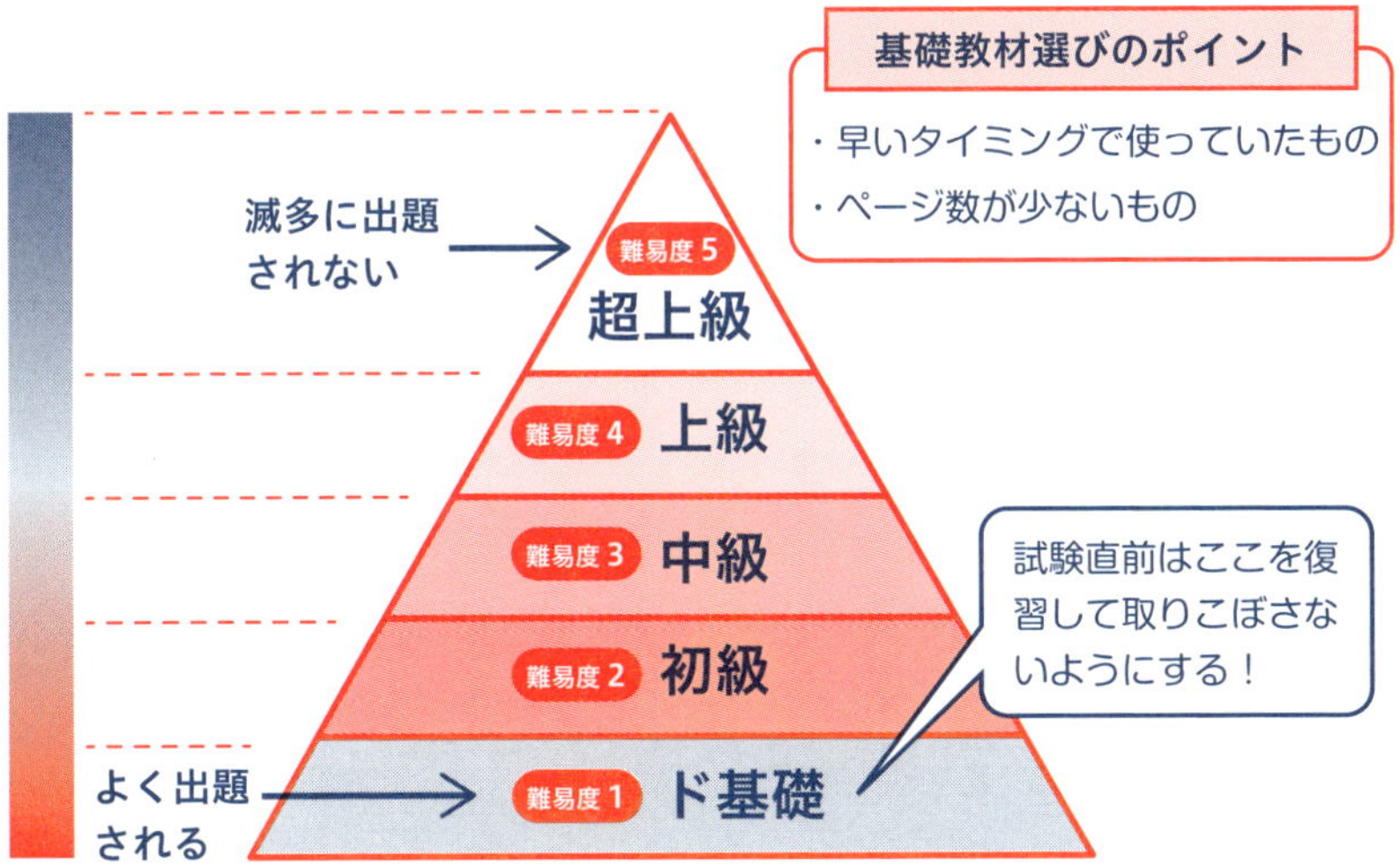

基礎教材を確認する方法

試験直前期に、難しい教材に取り組むのはいただけません。「難しい」というからには「みんながができない」のであって、「みんなができない」のであれば、できなくても結果には大きく影響しないため、「重要ではない」といえます。

ある面では「難しい＝重要性が低い」ともいえるのです。

繰り返しますが、試験直前期の最後の最後に勉強するのなら、基礎教材で勉強するべきです。

まずは、これまで自分が勉強していた教材のうち、最初に取り組んだ教材を引っ張り出して勉強してください。早いタイミングで使っていた教材は、ほとんどが基礎教材だといえるでしょう。

また、分厚い教材と薄い教材があるのなら、薄い教材を中心に学習したほうが効率的です。薄いということは、厳選された重要なことしか載っていないためです。

「基礎情報」をピックアップしておく

教材自体を基礎の教材とそれ以外の教材に分ける方法のほかにも、基礎に絞って勉強する方法があります。それは、**普段から時間がないときに確認する「基礎情報」をあらかじめピックアップ**しておく方法です。

まずは問題集です。**「この問題さえ解けば、ほかの問題も解ける」という問題をピックアップ**しておきましょう。これは特に数学などの試験対策で有効です。

複数の問題があっても、そのうちの1つが重要な内容のほとんどを網羅している場合があります。このような問題が復習対象としてはうってつけです。

教科書やテキストを読んでいるときも、**重要箇所がまとめられている部分や「ここを読めばだいたいのことを思い出せる」という箇所**が明らかになっているのであれば、その部分をピックアップしておきましょう。

試験直前に復習するために、ピックアップした情報が一目でわかるよう、フセンなどを貼っておくとよいでしょう。

このように、時間がなくなる試験直前期に備えて、日々の勉強のなかで復習対象をあらかじめ選んでおくと、時間がなくても有意義な勉強ができます。備えあればうれいなしとは言い得て妙であり、勉強においても、ある程度の「仕込み」が大切になるのです。

試験直前期の勉強は、本当に時間との闘いになります。時間がない場面が考えられることから、スピーディーに復習できる態勢を日ごろから整えておきましょう。

くどいようですが、直前期こそ「基礎」の学習です。限られた時間で基礎学習を効率的にするための努力を普段からしておきましょう。

基礎情報の見つけ方

ポイント

「この問題さえ解ければ、ほかの問題も解ける」という問題をピックアップする

例1

足し算の要素はこれだけでも復習できる！

★ 問1 3＋2 ＝ 5

問2 13＋12＝25

問3 321＋255＝576

例2

問1を覚えれば問2、問3にも答えられる！

★ 問1 「タージマハルを建てたのは
シャー・ジャハーン」 正か誤か

問2 「シャー・ジャハーンが□を建てた」
空欄を埋めよ

問3 「タージマハルは誰が建てたのか」
人物名を答えよ

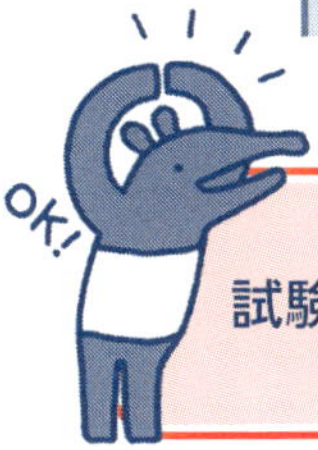

試験直前は上の★のような問題を繰り返し解く

Lesson 6

暗記法を自分用に徹底カスタマイズ

あなたにとって最適な暗記法は？

これまで本書では、さまざまな暗記テクニックを紹介してきました。そのどれもが、実用的な覚え方で、勉強に役立つと自負しています。

しかし、本書で紹介してきた暗記法すべてが、「あなたにとって」最適とは限りません。

目指している勉強の目標によって、覚える対象が異なります。マークシート重視の試験を目指している方もいれば、論文試験を目指している方もいます。はたまた人前でプレゼンなど、話をするために暗記法を習得したい方もいるでしょう。

一人ひとり目標が異なる以上は、あなたが目指す目標に応じた暗記法を選択してください。そして、暗記法を「カスタマイズ」し、あなたにとって最適な暗記法として習得してほしいのです。

「カスタマイズ」の基本

カスタマイズする前に、まずは本書に載っている暗記法を一通り試しましょう。**一通り試して、その暗記法の特徴を捉える**のです。単語を暗記するのに向いている、図表を覚えるならこの暗記法、文章をまとめて頭に入れるならこの覚え方！　といった要領で、どの場面でどの暗記法が適切なのか、わかるようにしましょう。

そしてカスタマイズするときは、まずは本書で紹介した**暗記法の組み合わせ**から始めましょう。暗記法をそれぞれ組み合わせることで、新しい暗記法を考え出す土台を築きます。まったくのゼロベースから考える必要はありません。

問題は、各暗記法をどうやって組み合わせたらいいのか、です。

暗記法の組み合わせ方

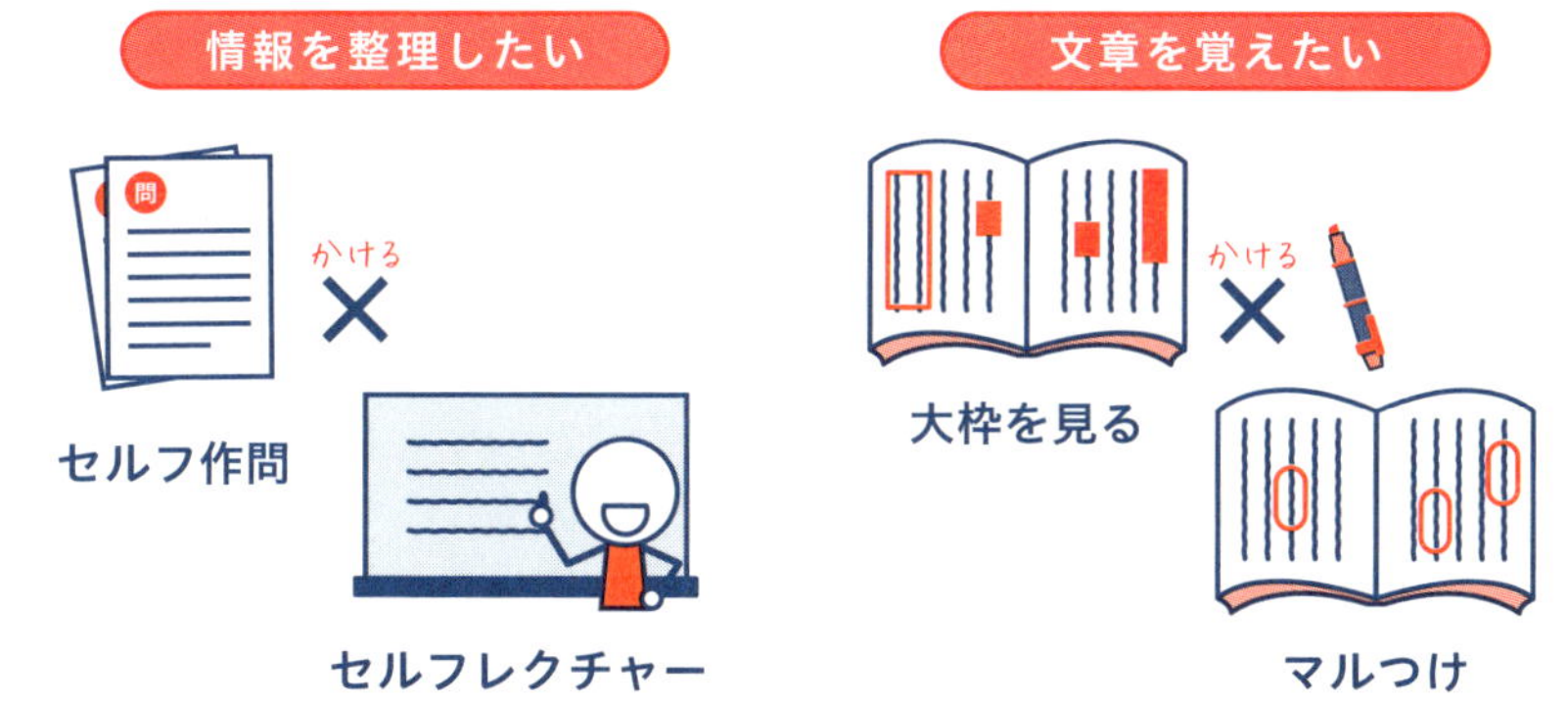
情報を整理したい
文章を覚えたい
問
かける
×
セルフ作問
セルフレクチャー
大枠を見る
かける
×
マルつけ

目的を同じくする暗記法同士を組み合わせるのがカスタマイズの基本

「組み合わせ」のコツ

暗記法を組み合わせるときは、まずは**目的を同じくする暗記法同士を組み合わせる**ことをおすすめします。たとえば、文章を覚えるための暗記法同士を組み合わせる、情報に触れる回数を増やす暗記法同士を組み合わせるといった工夫です。

本書では、第1章と第5章以外は、テーマごとに暗記法を紹介しているため、同じ章のなかで暗記法を組み合わせてみましょう。

たとえば第2章であれば、「大枠を見る（32ページ）段階で、『キーとなる単語』（48ページ）らしきものが見つかればマルをつける」となります。第3章では「情報の整理」の仕方として、セルフ作問（70ページ）とセルフレクチャー（82ページ）をご紹介しました。これらを組み合わせると「自分で問題をつくって、その問題に対する答えと解説を考え、自分で自分に説明する」となります。

あなただけの暗記法へ

目的を同じくする暗記法同士の組み合わせに慣れてきたら、今度は**章をまたいで暗記法を組み合わせてみましょう**。

たとえば「主語＋述語」に注目（40ページ）しながら、その「主語＋述語」の理由を暗記する方法（74ページ）も効果があります。組み合わせられる暗記法はどんどん組み合わせてください。

さらに、暗記法を組み合わせるだけでなく、あなた自身のオリジナル暗記法にまで発展させるのが真の「カスタマイズ」です。

暗記法をつくるというと、非常にハードルが高く感じられます。けれども、暗記法を「ゼロから」つくるのはしんどいけれど、**既存の暗記法から派生してつくる**ことはできるはずです。本書で紹介した暗記法を土台に、あなたの勉強の目標に合わせて暗記法を変えていくのです。

たとえばこうです。不要な文章には、かたまりごとカッコをつける（44ページ）という暗記法をご説明しました。具体例や説明よりも、核心となる箇所にこそ集中して勉強すべきだからです。

しかし、あなたがしている勉強の試験で、具体例が紹介され、それが何に関する例であるかを問われることがあるとしたら、カッコ部分は飛ばすわけにはいきません。そうであれば勉強の方針として、積極的にカッコ部分を読んで、それが何に関する情報なのかを思い出すトレーニングが有効です。

あなたが目標にしている試験では、やたらと「対比」に関する問題が出るのなら、78ページで紹介した「常時比較」をさらに一歩進めることも考えられます。たとえば、頭のなかで似ている事柄を思い出し、その要点を3つ思い出せないと先に進めないというマイルールを課すのです。

覚え方をカスタマイズし、あなたにとって最適な暗記法を習得してください。

ゴールに向けて暗記法をカスタマイズする

碓井孝介（うすい　こうすけ）

1984年北海道生まれ、札幌市在住。中学時代学業が振るわず、平均以下の公立高校に進学したものの、そこから一念発起。勉強の仕方を工夫し、有効かつ効率的な暗記術を確立した。暗記術で偏差値を劇的に上昇させて、関西学院大学法学部に現役合格。大学入学後は、暗記術を徹底的にブラッシュアップし、司法書士試験に大学在学中に合格。大学卒業後は、1年4か月の学習期間で公認会計士試験にも合格。大手監査法人や資格スクール講師等を経て、現在は司法書士実務に携わる。著書に『偏差値35から公認会計士に受かる記憶術』（講談社+α新書）、『試験は暗記が9割』（朝日新聞出版）、『頭のいい人は暗記ノートで覚える！』（三笠書房）などがある。

平成相続相談室：https://www.souzoku-sap.com/

図解《ずかい》でわかる　暗記《あんき》のすごいコツ

2017年12月10日　初版発行
2020年 3月10日　第12刷発行

著　者　碓井孝介 ©K.Usui 2017
発行者　杉本淳一

発行所　株式会社日本実業出版社　東京都新宿区市谷本村町3-29 〒162-0845
大阪市北区西天満6-8-1 〒530-0047

編集部 ☎03-3268-5651
営業部 ☎03-3268-5161
振　替　00170-1-25349
https://www.njg.co.jp/

印刷／厚徳社　製本／共栄社

この本の内容についてのお問合せは、書面かFAX（03-3268-0832）にてお願い致します。
落丁・乱丁本は、送料小社負担にて、お取り替え致します。

ISBN 978-4-534-05546-0 Printed in JAPAN